# パチンコに日本人は20年で540兆円使った

GS 幻冬舎新書 252

# パチンコに日本人は20年で540兆円使った

若宮 健

GS
幻冬舎新書
252

# はじめに

カジノの売り上げでマカオが世界一だが、その金額は2010年で1兆8834億円である。

2010年の日本のパチンコの売り上げは19兆3800億円。マカオのカジノの10倍を超えている。日本のパチンコは、世界一のカジノなのである。

「失われた20年」の元凶はパチンコだった。1991年以降、540兆円が闇に消えている。

筆者には、第二次世界大戦下の苦い経験がよみがえる。日本の報道機関は、1945年8月15日の終戦を迎えるまで、正しい情報を国民に伝えることはしなかった。軍部に抵抗できなかったのである。

2011年8月、66回目の終戦記念日を迎えたが、66年という長い年月を経ても、この国のメディアがタブーを抱えているという実態は少しも変わっていない。行き着くところまで行かないと、目が覚めない国民性も変わっていない。

東日本大震災後、節電の重要性に関連して、石原慎太郎東京都知事がパチンコと自動販売機の不要論を唱えたが、日本の大マスコミの反応は鈍い。

日本のマスコミの最大のタブーはパチンコ批判なのである。マスコミは、一体何を恐れているのだろうか。戦時中の軍部に匹敵する存在とは何なのか。筆者はその真実を知りたい。

パチンコ問題を真っ正面から取り上げた拙著『なぜ韓国は、パチンコを全廃できたのか』(祥伝社新書)は、12刷8万部と大きな反響を得た。

パチンコの存在に疑問を持っている人々が全国にいかに多いか、筆者は多数の読者から寄せられるメールや手紙で実感している。

パチンコ依存症という病気で苦しんでいる人たちに対して、国会議員は概ね無関心である。パチンコ問題に着目する政党は今のところ共産党ぐらいのものであろうか。

このままでいい訳はない。

国民一人ひとりがパチンコの被害を認識し、パチンコ全廃に向けて立ち上がるべきである。

# パチンコに日本人は20年で540兆円使った／目次

# 第1章　パチンコで堕ちゆく日本

## 「失われた20年」で540兆円が消えた

パチンコ業界の売り上げは、確かに落ちてきている。

『レジャー白書2011』（公益財団法人日本生産性本部、以下『レジャー白書』）によると、2010年は19兆3800億円。2009年が21兆650億円だから、1兆6850億円の減少である。


しかし、減ってはいるものの19兆円台とは巨額だ。

野村総合研究所とグーグル社によると、通販などで急伸するインターネット産業の2010年の市場規模が、近年のパチンコ市場に匹敵する20兆円だという。

国内外に180社を擁する大手流通グループ、イオンの2010年度の売り上げが約5兆円だから、その4倍。筆者は元自動車ディーラーなので気になるのが業界トップの東京トヨペットの売上高だ。2010年度は1632億円。パチンコ業界は、その約120倍ということになる。


もし、パチンコを全廃できたならば、貸玉料に消える万札が、もっと多様で健全な消費に投じられ、景気に好影響をもたらすのではないか。そう思えてならない。スポーツや観光、さまざまな趣味や娯楽など余暇市場全体の規模が２０１０年で約68兆円とされているから、パチンコの巨大さは目を見張るものがある。

さらに言えば、日本の２０１１年度の国家予算（一般会計）は92兆４１１６億円。国が国民からさまざまなかたちでかき集めている税収が、２０１０年度は41兆４８６８億円である。パチンコの約20兆円はその半分に当たる。

日本はかつて豊かな国だと言われて、その気になっていたが、豊かさを実感できなくなって久しい。その理由はいろいろあるだろうが、デフレ不況で仕事を失う人々の時間と乏しい持ち金がパチンコに流れ込んでいるだろうと思うと、虚しさを禁じ得ない。

あらためて『レジャー白書』で、過去20年のパチンコの売上高（貸玉料）をさかのぼって見てみよう。

２０１０年―19兆３８００億円
２００９年―21兆６５００億円
２００８年―21兆７１６０億円

2007年—22兆9800億円
2006年—27兆4550億円
2005年—28兆7490億円
2004年—29兆4860億円
2003年—29兆6340億円
2002年—29兆2250億円
2001年—27兆8070億円
2000年—28兆6970億円
1999年—28兆4690億円
1998年—28兆570億円
1997年—28兆4260億円
1996年—30兆630億円
1995年—30兆9020億円
1994年—30兆4780億円

1993年—27兆4210億円
1992年—26兆3240億円
1991年—23兆2990億円

パチンコの売上高は1995年に31兆円にも迫るピークを示した後、下降線をたどっているが、余暇市場全体が縮小する中で、今なお、巨大な市場には違いない。

一体、バブル崩壊後のこれまでの「失われた20年」に、パチンコ玉、パチスロのメダルに投じられた金額、つまり右記のトータルはいくらになるのか。

539兆6330億円、がその答えである。

不況で苦しんだ「失われた20年」に、パチンコホールで約540兆円が消えた。

540兆円あれば、何ができたか。

諸外国の人々が知ったら、腰を抜かす数字だろうが、日本人は、この金額とその裏にある深刻な問題の数々を他人事《ひとごと》だと思ってはならない。

「失われた20年」と呼んで、日本の沈滞をさまざまに解析してきた学者やエコノミストの中に、このパチンコの実態を知る人がどれだけいただろうか。

「パチンコなんて」と知ろうともしなかった人も多いことだろう。「パチンコ業界だって雇用を生んでいる」と寛大に見る向きもあるだろう。しかし、沈滞の原因を経済のグローバル化や少子高齢化、そして東日本大震災と原発事故に求めるだけでは十分ではない。

「20年間で540兆円」という膨大な日本人の時間と金、エネルギーを吸い込んできたパチンコの問題を盲点にしたままでは、今、日本が抱える底知れぬ不安の正体はつかみ切れない。

## なぜ私はかくもパチンコの廃止を訴えるのか

「パチンコをするのは個人の趣味の問題だ。とやかく言うな」という声が聞こえてきそうだ。

「博打をやる時間があったら、少しは本を読め」と、すぐ言い返したいのは我慢するにしても、なぜ、業界に嫌われても「パチンコ廃止」を標榜《ひょうぼう》するのかと言えば、パチンコで人生を壊してしまう人があまりにも多いからである。

筆者の友人もパチンコ依存症になり、多重債務に追い込まれて自殺してしまった。2006年3月のことで、筆者はそれ以来、パチンコやギャンブルにこだわり、その実態を取材するようになって、これまで4冊のパチンコに関する著書を出版した。それが予想以上の大きな反響を呼び、パチンコがいかに、この国の多くの人を苦しめる社会問題になっているか、筆者自身、あらためて呼び覚まされた気がした。

反響の大きさは著書だけではない。ユーチューブやニコニコ動画で放送された筆者の出演番組や講演に対するアクセス数は、「チャンネル桜」の報道特番「パチンコで壊れる日本」をはじめ、20万を超えるものもある（2011年12月現在）。また、筆者のホームページを通じて、依存症に悩む本人や家族からの相談メール、パチンコ問題を憂えるメールは途切れることなく寄せられている。

パチンコが手軽にして安価、家庭円満、家内安全の息抜きレジャーであるならば、筆者の出番はない。筆者もパチンコに一時ハマりそうになったが、立ったまま、指で玉を送りながら弾き、チョコレートやタバコを景品にもらって帰る、昭和30年代のパチンコはのどかな大衆娯楽そのものだった。

今も、パチンコはそんなものだと思っている人がいたら、大間違いである。後でも説明する「3店方式」という体裁をつくろっているものの、パチンコは金をかけて勝負をつけるギャンブル以外の何物でもない。

パチンコを知る人も知らない人も、やる人もやらない人も、本書を通じて、一体、パチンコの何が問題なのか、そこから日本という国の何が見えるのか、考えてほしいと思う。

## 「1670万人が年平均7万7100円の支出」はレジャーと言えるか

では、どれぐらいの人がパチンコをやっているのか。

『レジャー白書』によれば、2010年の参加人口は1670万人となっている。これは「1年間に1回以上行った人」の数で、アンケートによる実態調査をもとにした推計だ。

参加人口は、1990年代半ばに3000万人に迫る勢いを見せるが、それから10年ほど減少の一途をたどり2007年には1450万人と半減。しかし、近年また増加している。

他のギャンブルはどうかと言えば、2010年の参加人口は中央競馬1130万人、地方競馬360万人、競艇250万人、競輪200万人、オートレース60万人で、合計すれば2000万人。

パチンコを加算すれば、延べにして3670万人が日本のギャンブル人口ということになる。日本の18歳以上の人口は約1億690万人だから、単純計算で3人に1人が博打を打っていることになる。これにカジノが解禁になったら、一体どういうことになるのか。想像するだけで恐ろしい。

全国津々浦々、約1万2000はあるというパチンコ店が、ほぼ毎日、朝から夜まで開いているのだから、パチンコは中央競馬などの公営競技に比べて、断然アクセスしやすいギャンブル空間である。だから、参加人口の多さは当然としても、金のかかるレジャーであることも『レジャー白書』は浮き彫りにしている。

2010年のパチンコの一人当たり年間平均費用は7万7100円。これは一度でもパチンコをした人からヘビーユーザーまでを含む平均だから、さほどの金額には見えないかもしれないが、他のレジャー費と比較すると、抜きん出た「高額レジャー」であることがわかる。スポーツから趣味まで91種類に分類された余暇市場全体のランキングで見ると、パチンコは8番目に金のかかるレジャーとなっている。

パチンコを上回って年間費用が高いのは、海外旅行などの観光旅行、装備にも金のかかるゴルフ、ヨット、スキンダイビングなど7種しかない。ちなみに中央競馬は4万6200円、国民の6割が娯楽として楽しむ外食は4万9600円。カラオケで1万2700円、ゲームセンターは6600円に過ぎない。

『レジャー白書』を見る限り、1670万人が年間8万円近い金をつっこんで支えているのがパチンコ市場の内実だ、ということになる。

## ビギナーズラックから一転、生活苦・売春・自殺

パチンコ依存症の目を覆うような実態を知る筆者にとって、パチンコ年間投入額7万7100円というのは、アンケートをもとにした平均値とはいえ、いかにも現実離れし

た、かわいらしい金額である。パチンコホールに行けば、一人の客が万札を何枚もつっこむ様子を見ることも珍しくない。

ビギナーズラックでハマりこんで依存症になり、やがて多重債務に追い込まれ、命を絶つ。こんな例を数多く見聞きしているから、どうしても自殺者の実態とパチンコとの関連が気になる。年間8万円で済めば、こんな悲劇は起こらない。

警察庁の資料によると、2010年の自殺者数は3万1690人。年間の自殺者数が3万人を超えたのは1998年で、それからいくらか増減があるものの3万人台を下回ることがない。

自殺の原因は、2010年で「健康問題」が5割、「経済・生活問題」が2割、「家庭問題」1割などとなっている。不況を背景に近年増えてきたのが「経済・生活問題」だという。そこには、生活苦や多重債務などの負債関連が含まれるが、パチンコやギャンブルが関係しているものも少なくないはずである。「健康問題」に含まれる「うつ」や「家庭問題」としてカウントされる「親子関係や夫婦関係の不和」などにも、ギャンブルに関係したものが少なからずあるだろう。

パチンコがどれぐらい自殺や自殺未遂の原因になっているか、統計的につかむことは難しいが、パチンコの過熱と自殺者の増加は決して無関係ではないと思っている。

例えば、1990年代前半、CR（カードリーダー）機が導入されて、パチンコ市場は94年に30兆円の大台に乗る。さらに95年には31兆円に届くかという最盛期を迎えるが、この90年代後半から2000年代初めにかけてパチンコ依存症が社会問題化していくのである。

自殺者数が急伸して3万人台になるのは98年。遠因も含めて、パチンコブームが悲惨な末路の背景にあると考えるのは不自然ではない。

パチンコの客層はカジノで豪遊する富裕層ではない。なけなしの元手が少しでも増える快感を求めて、昼間、時間のある主婦や年金受給者がホールに足繁く通う。

勝ち続けることは不可能と知っていても、「今度こそ取り戻そう、取り戻してから止めればいい」と思い詰めて通い、ハマりこんでいく。弱者を依存症に追い込んでいるのがパチンコの現実である。

自殺まではいかなくても、ホームレスに至る生活苦、離婚や一家離散、売春、闇の世界に身を投じる、という破滅が待っている。

## 400万人規模のパチンコ依存症を放置する政府

パチンコ依存症におかされている人は、全国にどれぐらいいるのか。

厚生労働省が2009年に行った研究調査の結果によると、日本の成人男性の9・6%、同じく女性の1・4%がギャンブル依存症であるという。この年の成人人口（国勢調査推計）から単純計算すると、男性は483万人、女性は76万人で、合わせて559万人という驚くべき数になる。

日本のギャンブル依存症患者の8割程度がパチンコ、パチスロによるものであることは、専門医や多重債務の相談機関など、ギャンブル問題の現状を知る人々の間ではよく知られていることである。

また、少し古いデータだが、パチンコホール組合の全国組織である全日本遊技事業協同組合連合会（全日遊連）が、2003年12月に実施した顧客対象アンケート（全国44道府県163店の来店者4493人が回答）では、「自分がパチンコ依存症だと思ったことはあるか」という問いに対して、来店者の29％が「ある」と答えている。

２００３年のパチンコ人口は、『レジャー白書』によれば１７４０万人であるから、これを参考にすると、約５０５万人が「パチンコ依存症を自認している」ということになる。さらに、そのうちの30％、つまり１５２万人は「治療（回復）が必要」と答えているのである。

今後さらに精度の高い実態調査が必要だろうが、厚労省の調査や全日遊連のアンケートを踏まえれば、４００万人から５００万人規模の病気としてパチンコ依存症は認識され、対策が打たれなくてはならない、ということになる。そして、その家族を含めると優に１０００万人以上の人々が、多かれ少なかれ、なんらかのパチンコ被害に悩み、苦しんでいることになる。

駐車場にとめた車に子どもを放置したままパチンコに熱中し、いたいけな命をなくしてしまう事件が相次いで、いくらか世間にこの依存症の怖さが伝わったが、それは氷山の一角で、関連する事件・犯罪は多数ある。

犯罪というほど深刻ではないが、労働意欲の喪失も看過できない問題だ。韓国では、パチンコ禁止の原因として労働意欲の低下も挙げている。

消費意欲も低下する。依存症になると、おしゃれに気をつかっていた主婦でさえ、衣類や化粧品を買う金があればパチンコにつぎ込むようになる。化粧気のない顔でパチンコ台に向き合うようになるのである。

筆者に送られてくる依存症の相談メールには「死んでしまいたい」と切迫した内容のものもあれば、「今日は会社を休んでパチンコへ行ってしまいました」と、ケロリと告白する内容のものもある。「パチンコから救われたい」と願っていながら、借金苦などの修羅場を切り抜ければ、またパチンコ台の前に座っているというのが依存症なのである。パチンコ依存症の実態については、次章で当事者たちの声をもとに詳しく紹介する。

筆者が最も声を大にして言いたいのは、こうした悲劇を生むパチンコを、この国は野放しにしているということである。

それどころか、国会議員も警察官僚も、そして庶民の味方であるべきマスコミまでもが、潤沢な資金力を持つパチンコ業界に寄りかかり、ぶら下がってきた。この実態を多くの国民に知ってほしいし、疑問を持ってほしい。これが本書の使命でもある。

パチンコに費やされた巨額の金。労働意欲の喪失と失われた時間。そして失われた命。これらを考えると、この国の政治と行政のあり方に対する怒りは収まらない。

振り返れば、小泉政権時の、地方を切り、弱者を切り捨てる政策は、多くの庶民を生活や仕事の辛さからパチンコに走らせたに違いない。失業や生活苦に追い込まれた人が、パチンコ店に入って大当たりして安堵し、自分の居場所を見つけたようにのめりこんでいく感覚は筆者にもわかる。普通のリクリエーションのように、ひととき楽しんだ後は職場や家庭の日常に戻っていければいいが、そうはいかないのがパチンコであり、ギャンブルだ。

パチンコを筆頭に年間3000万人以上が博打に興じている国など、世界中探してもどこにもない。海外にはカジノがあるが、社会問題化しないように、さまざまな規制を設けている。日本ほど野放図で、ギャンブルのリスクに対して防波堤のない国はない。

国会議員や霞が関の官僚の多くも、このことに危機感を持っていない。ただ、「パチンコで破滅するのは自己責任だ」ということになっている。

## 日本のパチンコはマカオのカジノの10倍の売り上げ

韓国もかつて、最盛期には日本円に換算して3兆円がパチンコ（メダルチギ）に消えていた。しかし、韓国政府は、いち早くそれを問題視して禁止した。

その詳しい経緯は、前著『なぜ韓国は、パチンコを全廃できたのか』に書いたのだが、その後、朝日新聞に「韓国政府が全廃したのは良心的な政策判断ではなく、前大統領の親族が絡んだ疑獄事件が主な原因だ」という主張が掲載されて驚いた。大新聞が真実をねじまげてはいけない。この記事についても第5章で取り上げ、反論する。

20年間で540兆円がパチンコに消えた、という実態を諸外国の人たちが知ったら、日本人は狂っていると思うだろう。「アジアの病人」、いや「アジアの狂人」と言われてもしかたがない。

アジアを代表するカジノ大国であるマカオは、2007年にラスベガスを抜いて世界一の売り上げを達成した。筆者は2011年5月に久しぶりに当地を訪れたが、まさにカジノ・バブルの様相を呈していた。

しかし、そのマカオでさえ、売上高は日本のパチンコ市場にはるかに及ばない。マカオの2010年の売り上げは1兆8834億円、日本のパチンコ19兆3800億円の10分の1に過ぎない。

だから、世界一のカジノとは日本のパチンコなのである。万札が乱れ飛び、スロットもあるパチンコホールがカジノでなくてなんだろう。

パチンコは娯楽とは言えないし、国民も誰一人、単なる娯楽とは思っていないだろう。少なくとも数百万人規模の依存症を生み出してきた、鉄火場なのである。

## 被災地のパチンコ店は義援金で大盛況

東日本大震災の被災地からメールがいくつか届いている。いずれも被災地のパチンコ店は満員盛況だと伝えている。

「被災地の周辺だけでも、パチンコを禁止できないでしょうか。義援金を提供して、応援してくださった方々に申し訳ない気持ちです」と記してあるメールもあった。

掲載を了解してもらった1通を紹介したい。

突然のメールで大変申し訳ございません。若宮様の『なぜ韓国は、パチンコを全廃できたのか』を読ませていただいた者です。一気に読み終えて、いてもたってもいられなくなり、迷惑を承知でメールしようと思い立った次第です。

自分は27歳男性で、パチンコ依存症です。なんとか稼ぎのなかでやり繰りできる程度で収まってはいます。4号機のスロットから現在の機種に至るまで、パチンコ屋と付き合ってきました。どう考えてもおかしいパチンコの確率変動や、政治家、警察とのつながりについて、それなりにわかってはいましたが、それでもやめられませんでした。

私は宮城県の仙台で生活しております。3月の地震から停電となり、3日くらいで復旧しましたが、福島の原発事故のこともあり、全国で節電の運動が行われています。

震災の影響と停電による節電のこともあり、パチンコ屋もさすがに営業していないだろうと考えていましたが、街中の被害の少なかったところでは電気の復旧も早く、すぐに営業再開となっていることを知って、とてもショックを受けました。

震災後2カ月が経とうとしている現在、パチンコ店はどこも営業を再開しています。自粛していた新台入れ替えもそろそろ行われると思います。

同じ県内の沿岸部では、津波の被害にあい、苦しい生活をしている方々がいます。しかし、それ以外の場所では、また一日中電気を垂れ流すパチンコ屋が営業しています。開店前から列をつくる光景も変わりありません。

そうしたことに疑問を感じつつ自分も打ってしまうことに、猛烈な後悔とジレンマを抱いているなか、書店で若宮様の本に出会いました。

警察や政治家はおろか、メディアですら避けるパチンコという存在に正面から向き合っている方、そして出版してくださる方がいることがとてもうれしいです。「日本はおかしい」と感じている人が決して少なくないのだと感じることができました。

そして、パチンコを客観的に見ることができました。そしてこれから依存症を克服していくなかで、苦しくなったときには何度もこの本を読み返すでしょう。ホームページも戒めとして読ませていただきます。

夜の興奮状態の中での駄文ですので見苦しいですが、きっとこの人ならわかってもらえるという希望の思いが、無精者の自分にメールを書くという行動を起こさせました。正直、誰かにわかってほしいという甘えが大きいです。ですが、これが今自分にできる第一歩だと考えます。

## パチンコによる二次災害は出ないか――塩竈の実情

　このメールを含め、被災地からのメールがきっかけとなり、8月に宮城県塩竈市を訪れた。パチンコ店の現状をこの目で確かめたかったのである。

　塩竈市は、仙台市と日本三景で知られる松島との間にある港町である。松島の様子を見たいと思い、松島海岸駅まで北上した後、そこからタクシーで塩竈に戻った。

　途中、線路の横や道路端に漁船が横たわったままになっている光景を目にした。あまりの惨状なので、現実の世界ではなく、映画の画面でも見ているようである。現場にいるのに、なぜか現実味が感じられない。

　風光明媚な松島の島々は、あの大津波が押し寄せたとき、沿岸部に対して防波堤のような役割を果たして被害を緩和したという。5カ月前の被災を想像しながら、塩竈市内に着いた。

　すぐパチンコ店に入った。パチンコ台400台、スロット160台の大きな店で、5

00台分の駐車場がある。この店も津波で水浸しになり、改修に手間取ったという。営業時間は午前8時半から午後11時半まで。漁師町なので朝の開店時間が早いのだろう。入店したのは朝10時過ぎだが、パチンコ台はほぼ満席状態で、スロットに少し空きがある程度だ。

60代前半と思われる男性客に話を聞くと、最近はお客が多くて、連日似たような状況だと言う。「やることがないからね」とつぶやいた表情はいかにも疲れていて顔色も悪い。話していると、やはり店内でパチンコをしていた奥さんらしい女性がやってきて、「出ている台がないから、別の店に行こう」と男性に声をかけ、二人で店を出て行った。

ホールを見回すと、辛そうな顔をしている人が多い。それは被災によるものだけでなく、どこのパチンコ店でも目にする、独特の追い詰められた表情のように見えた。「これで負けたら、借金をどうして返そうか」というような深刻な悩みを抱えていると、それが表情に出てくる。娯楽で気分転換している雰囲気ではない。

「やることがないからね」という男性客のつぶやきは、被災の悲しみ、復興への道のりの険しさを表している。肉親が亡くなったり、行方不明になっている人もいるだろう。

家や仕事を失った人も少なくない。

人間にとって、辛いときや悲しいときに、現実から逃れるために慰めを求めるのは自然なことである。手近な息抜きの手段として、パチンコに走ってしまうのも無理はない。問題は、そうした弱みにつけこむ依存症の罠がパチンコに仕込まれていることである。

筆者の見るところ、漁師町にはパチンコ好きの人が多い。漁はもともとツキに左右される博打的な要素がある。天候や不漁は人の努力だけではどうにもならない。ホールで運試しということもあるだろうし、漁に出られない日の時間つぶしにパチンコは向いている。松島海岸駅から乗ったタクシードライバーも、パチンコにのめり込んで破綻する漁師は何人もいると話していた。

新規店の出店もうわさされている塩竈のパチンコ店の盛況を見ると、依存症の人々が一層、増えるのではないかと怖くなる。

都会と違って、地方は娯楽が限られている。漁村も農村地帯も、遊び慣れた都会人に比べれば純朴な人が多い。北国であれば、仕事のヒマな積雪期にハマり込む農家の人も多い。筆者の郷里の秋田でも、パチンコ依存症に追い込まれて、田畑を手放したという話を耳にすることがある。

地方で一次産業に真面目に従事していた人々が、パチンコの深みにハマり、再起できなくなるのは、日本全体にとっても損失である。

東日本大震災では、日本有数の水産業、農業の地域が被災しているだけに、パチンコによる被害が二次災害のようにそれらの地域に広がらないか、心配でならない。

「地方では、パチンコ店は地域コミュニティーの拠点になっている」とは、先にも挙げた朝日新聞紙面の言い草だが、「ふざけるのもいい加減にしてくれ」と言いたい。大マスコミがパチンコ問題を直視しようとしないばかりか、提灯記事まで載せるという情けない事態は放置できない。

## 5万円の義援金がパチンコで一日ももたない

仙台市内でも、パチンコ店に入ってみた。

昼の1時ごろという時間帯もあるだろうが、主婦と思われる女性が半分ぐらいを占め、他はほとんど年配の男性である。筆者が住む埼玉県さいたま市でも、女性の進出は著しい。主婦と年金受給者が、いまや全国どこのパチンコ店でも格好のターゲットになっている。

ホールを眺めながら思ったのは、ここには全国から寄せられた義援金がどれだけ流れ込んでいるのだろうか、ということだった。

松島海岸駅から塩竈まで乗ったタクシーのドライバーは、勤務先を通じて受け取った義援金の5万円をパチンコで一日ももたずにすってしまった、と告白してくれたが、大都市仙台をはじめ東北の町々で義援金がパチンコに消えていくとすれば、哀しいと言うしかない。

仮にそれによって、被災した人々や地域が元気を取り戻し、復興のエネルギーに結び付くというのであれば、良しとしなければならないが、それだけで済まないのがパチンコの怖さなのである。つきまとう依存症というリスクは大きい。

5万円が明日の暮らしや復興の糧になることなく、負債の連鎖を生んでいくとしたら、何のための義援金なのか。パチンコ業界の節電協力や義援金拠出にごまかされてはならない。パチンコが弱者を生活破綻に追い込むギャンブルである限り、全廃を求めるしかなないのである。被災地のパチンコ店が、復興を急ぐこれらの地域に、依存症による苦しみを波紋のように広げないことを祈りたい。

筆者は、秋田の田舎に育った。自分の価値観を押し付けるつもりはないが、田舎には、都会にはない素晴らしい娯楽がある。春の山菜とり、秋のキノコ狩り、そして渓流釣りなど、自然の恵みの中にある楽しみは人の心を慰め、豊かにする。また、読書や音楽や絵画など先人の知的な遺産に親しむことで、人は人生の大切さを学び、生きていく意欲を得る。

「きれいごとを言うな」と言われそうだが、パチンコというギャンブルを野放しにする今の日本では、人間の本来あるべき姿が見失われていると思う。

## 1億円負けても自殺しないのがカジノ、1万円で自殺するパチンコ

大王製紙の井川意高《いかわもとたか》前会長が、グループ会社から無担保で総額100億円以上を借り入れ、ラスベガスやマカオのカジノで散財した穴埋めにあてていたことが明らかになった。大王製紙から告発された井川氏は特別背任容疑で東京地検に逮捕され、物議をかも

している（2011年12月現在）。

これを聞いて筆者は、この大王製紙創業家の御曹司に感謝しなくてはならないと思った。ギャンブルに無防備な日本人に、身をていして恐ろしさを教えてくれたようなもので、その顚末から得られる教訓は多いはずである。

筆者も海外のカジノに関する体験はあるが、カジノのテーブルゲームで数千万円負けるのはいとも簡単で、ほんの一瞬のことでしかない。仮に、一晩で1億円負けたとしても、一気に破産に追い込まれることのないような金満家が参戦するのが、本来のカジノなのである。

1億円負けても自殺しないのがカジノなら、1万円負けて命を絶つ人が出てくるのがパチンコである。しかも、パチンコはじわじわと何年かの蓄積によって、人を離婚や自殺などの破滅に追いやる。テーブルゲームで一瞬にしてやられるカジノより残酷と言えるかもしれない。

何より、主婦や年金受給者、失業者、そして被災者という弱者が、ちょっとしたきっかけでホールに立ち寄り、わずかな金をつぎ込むところから悲劇は始まる。

競馬などの公営競技のように予備知識もいらず、最初はただ液晶のリーチ画面を見つめていればよい。そして、勝てば強烈な快感に酔い、負ければ失った金を取り戻そうと一途に思い詰めてハマりこむ。

カジノと異なり、弱者を陥れて、年間20兆円、20年間で540兆円もの金を吸い取ってきたパチンコを、筆者はどうしても許せないのである。

大王製紙御曹司の一件は、ギャンブルがなんともあっけなく人を転落させるという警告になったが、金額の多寡を別にすれば、近所のパチンコホールでは、もっと悲惨な、取り返しのつかない転落が起こっている。

## パチンコ問題は社会問題である

筆者がパチンコ問題の深刻さを広く知ってもらおうと最初の本『打ったらハマるパチンコの罠』（社会批評社）を出版したのは2006年のことで、以来、手紙やメールで、読者からさまざまな反響があった。

うれしいのは、これまでパチンコ問題の実態を全く知らなかった人が関心を持ってくれることである。ときには、若い人が前向きに解決のための提案をしてくれることがある。

第4章でも書くように、すでに各地でパチンコと闘う人々が、集会などさまざまなアクションを起こしているが、読者が共感してくれることによって、そうした活動にさらに弾みが付けばよいと思っている。これは依存症に悩む人や家族にも大きな励ましになるはずである。

そんな希望を感じさせる、学生だという若い読者からのメールを紹介したい(長文なので一部抜粋、要約した)。

若宮さん、はじめまして。

私はパチンコをしたことがないのですが、『なぜ韓国は、パチンコを全廃できたのか』を読ませていただきました。

周りの友人もパチンコにハマる人が多かったのですが、この本を読むまでは「パチンコは堕落した人がやるものだ」と正直、軽べつしていました。

ところが読んでから考えが変わりました。「本当にそんなにひどい状況なのか」と、この問題に興味がわき、若宮さんが出演されていた動画のチャンネル桜の番組を拝見して、自分でもいろいろと調べてみました。

パチンコに関するさまざまな事件の経緯を知るなかで、本当に国家権力の中枢が腐ってきているということが理解できました。「こんなひどいものが日本にあっていいのか！」という本当に悔しく苦々しい気持ちです。

それで、どうすればいいのか少し考えてみました。素人考えで恐縮なのですが。

若宮さんの言う通り、国会議員の実態を見ると、悲しいことに立法、行政にはあまり期待できません。東京都の石原慎太郎知事が規制案を成立させたとしても都内にとどまってしまうでしょう。

残る希望は司法だけです。

しかし、本の中でも取り上げられていた、2009年12月の名古屋地裁におけるパチンコのCR（カードリーダー）機が賭博か否かを問う国家賠償訴訟は、2010年11月に原告側の主張を退ける結果が出ましたね。

敗因は、原告の「パチンコは賭博である」という主張の根拠が不十分であったこと、裁判に賠償請求のために提出した「負けたデータ」が適切なものではなかったからだそうです。

しかし、私が考える最も大きな敗因は、原告がたった一人だけだったからだと思います。3店方式の矛盾や依存症の問題を衝き、「違法賭博であるパチンコ」を取り締まらない国家公安委員会や風営法の制定者を訴えれば、勝てるはずの裁判です。

しかし、訴える人が少なすぎる。ほとんどいないのが駄目なのでしょう。普通ならパチンコ依存症の方々が集まって訴訟を起こす、ということができると思います。

実際にそういう動きが起こっていないということは、集まる手がかりがない、やり方がわからない、また、パチンコ被害を公言するのが恥だと思っている方が多いからでしょう。

これからは、そんな人たちを束ねる人が必要ですし、NHK集団訴訟のように集団訴訟に持ち込むことを目指すべきだと思います。

頼もしいメールである。

文中の名古屋地裁の国家賠償訴訟は、大当たりが無限回になる可能性のある確率変動の機能を持ったCR機が賭博機であるとして、国家公安委員会と風営法（風俗営業等の規制及び業務の適正化等に関する法律）の制定者を訴えたもので、その結末は「原告の請求棄却」であった。メールにもあるように、原告が賠償請求のために提出した遊技データが弁護士の示唆を受けて得られたことなども影響したようである。

これで果敢な訴訟は幕を閉じたが、業界に少なからず波紋を広げたことは確かだろう。また、裁判という公の場にパチンコ被害問題が引き出されたことで、このメールの読者のようなパチンコとは無縁だった人々の関心を集めたはずである。

メール文中、依存症の問題と並んで問題視されている「3店方式」というのは、パチンコに不案内な人には耳慣れない言葉かもしれない。これは賭博罪（刑法185条）と風営法の規制をなんとかくぐり抜けるための、この業界ならではの苦肉の策である。

多寡を問わず金を賭けてゲームすること、店が直接、客から賞品を買い取ることが禁じられているので、パチンコ店は出玉に応じて客に景品を渡し、客はその景品を景品交換所で現金に換え、景品交換所に持ち込まれた景品は景品問屋が買い取り、パチンコ店にまた販売するというしくみになっている。これが「3店方式」で、賞品としての実質が形骸化している「特殊景品」が、パチンコ店、交換所、問屋の3店間で流通しているのである。自治体によって、特殊景品の種類など多少の違いはあるが、パチンコの換金システムの基本は同じである。

3店であろうが、4店であろうが、換金して、それを再投資する客が大多数なのだから、「賭博ではない」という業界や国の強弁は現実的ではない。「パチンコの違法性を問う」場面に必ず浮上するのが、この点である。メールをくれた若い読者もその点を衝いている。

「平日の朝から、イイ若い者がパチンコ屋の店先に並ぶ国に明日はない」と憂える中高年の読者からの便りも多いが、若者の中にも現状を知って、パチンコを社会問題として見つめていこう、変えていこう、という人たちがいるのである。

ここは筆者もますます張り切らなくてはならないだろう。

「20年で540兆円」の裏側にあるものを追及し、パチンコ全廃を訴えることで、すでにどっぷりカジノ化している日本を変えていかなければならない。

# 第2章

# パチンコ依存症はれっきとした病気である

## ギャンブル依存症はWHOも認める精神疾患

筆者がいつも主張するように、パチンコの問題とは、すなわち依存症の問題である。苦しみにあえいでいるのは、本人よりもむしろ、負債の肩代わりで金策に奔走したり、一家離散の憂き目に遭っている家族など周囲の人々だろう。高齢者から乳幼児までの人人がパチンコ被害に遭っていると言ってもよい。このまま放置していいわけはない。「パチンコ依存症」はその名の通り、れっきとした病気である。そして、多くの人を巻き込む社会問題でもあることは、もっと知られなければならない。

パチンコ依存症は「ギャンブル依存症」、つまり「病的賭博」の一種だが、かつてギャンブル依存症と言えば、競馬、競輪、競艇など公営競技にのめりこむタイプが主だった。しかし、「失われた20年」で急増、定着したのがパチンコホールが生み出した依存症である。日本の現状では、限りなく「ギャンブル依存症＝パチンコ依存症」に近いと言ってよい。

「ギャンブル依存症」は、世界保健機関（ＷＨＯ）やアメリカの精神医学会が診断基準を設けている疾患であり、近年は通常の病気と同様、健康保険の適用を受けられるようになった。

第4章で詳しく紹介する「依存症問題対策全国会議」によると、「ギャンブル依存症」とは「否認の病気と言われ、嘘・借金・お金を盗む・うつ・失踪などが症状で、『進行性の病気』」である（2011年7月31日大阪市民集会の報告より）。この「否認の病気」というのは、本人が病的にハマっていることを認めない、あるいは「やめようと思えば、いつでもやめられる」と問題に向き合おうとしないことを指している。

タバコやアルコールなども類似しているが、「依存症」は、自分や周囲に不利益を与えるとわかっていてもやめられない、というコントロールを逸した状態に陥り、強い渇望に翻弄される症状を指す。買い物、摂食、ゲーム、薬物、麻薬・覚醒剤など対象は多種多様であり、誰にとっても他人事とは言い切れない。

最近、心配されているのが、携帯電話などへの子どもたちのメディア依存だという。千葉大学教育学部教授で『本当に怖い「ケータイ依存」から我が子を救う「親と子のルール」』（主婦の友社）の著書もある藤川大祐《ふじかわだいすけ》氏は、家庭環境など依存症の背景に注目している。以下は藤川氏の寄稿である。

近年、子どものメディア依存の状況は深刻になりつつある。

1960年代に家庭にテレビが普及して以降、ビデオデッキ、ゲーム機、パソコン、携帯電話といった電子的なメディアが広く普及し、子どもたちは日常かなりの時間をこうしたメディアに接触して過ごすようになった。

さらに最近では携帯電話が、子どもたちの生活に浸透している。中学生の約半数、高校生の9割以上が自分専用の携帯電話を持っており、友人同士でメールを送り合ったり、プロフやSNSといったコミュニティサイトで、さまざまな相手と交流したりしている。

しかし、メール送受信数が一日30通以上の中学生たちは、他の中学生と比べて「疲れている」「イライラする」などのストレス傾向があると答える者が多く、「勉強に自信がない」「いじめた経験がある」といった学校での問題を抱えているとする者も多い。さらには「夜12時以降就寝」「自室に専用TVあり」といった、メディア接触時間が長くて夜更かし傾向があることがうかがわれる（竹内和雄「『先生、ケータイ取り上げて！』―携帯依存の寂しい心に大人ができること」、『月刊学校教育相談』2009年6月号）。

メディアに過度に依存してしまう子どもは少数派かもしれないが、長時間のメディア接触から生活習慣を乱したりストレスを抱えてしまったりする子どもは、中学生段階で1割から2割程度はいると考えるべきであろう。

メディア依存傾向と家庭の経済状況や子どもの学力との関係にも、注意を向ける必要がある。家庭に経済的余裕があれば、子どもは塾や習いごとに行ったり、家族でレジャーをしたりと、メディア接触とは異なる充実した時間を過ごすことが促されるであろう。また、学力が高い子どもには、学習時間確保の必要性もあり、メディア接触時間をコントロールすることも期待できるであろう。

だが、家庭や学力に恵まれない子どもは、余暇の選択肢も少なくなりがちで、勉強から逃避してメディア接触時間を多くしていくことも考えられる。

メディア依存による子どものストレス傾向や生活習慣の問題、あるいは経済状況や学力に恵まれない子どもがメディア依存に陥る可能性がある問題を、私たち教育研究者は注視せざるをえない。

パチンコへの依存は、子どものメディア依存の問題と似ているのではないかと思われる。テレビやネットから離れにくい子どもがいるのと同様に、パチンコをやめられない人がいる。

経済的に余裕がある人はパチンコ以外にもできることが多いであろうが、経済的に余裕がない場合には娯楽の選択肢が限られる。

子どものメディア依存と大人のパチンコへの依存との関係については、まだわからないことが多いが、今後、両者の類似点に注意して見ていきたい。

## 人は孤独からパチンコを始める

家庭や学校とは異なる居場所をケイタイやネットの中に求める子どもたちが増えているということだが、この「学校」を「職場」に、「ケイタイやネット」を「パチンコ台」に替えれば、パチンコ依存症ということになるのだろう。

確かに、パチンコ依存症も孤独感や「他にやることがない」という思いが背景や引き金になっていることが多いようである。

筆者のもとには、パチンコ依存症に苦しむ本人や家族から、日々、メールや手紙がたくさん届いている。本章では、パチンコ依存症の生々しい実態を伝えるために、掲載の了解を得た文面を紹介していきたい。

身につまされる内容が多いが、「なぜ、ハマりこんだのか」「今、どんな問題を抱えているのか」「これからどうしようとしているのか」など、ぜひ、当事者たちの声に耳を傾けていただきたい。

まずは、寂しさから、夫に付いてホールに出入りするようになった主婦からのメールである。

**【夫婦で破滅に向かう／40代主婦】**

はじめまして、私は45歳の主婦です。

若宮さんのことを1週間前にネットで知ったんですが、もっともっと早く知っていればよかった。冷静に考えると、パチンコ屋は本当に怖い世界で、私も早く現実と向き合えばよかった。

というのは、私たちは、子どもが2人（13歳と5歳の息子）いるのに、夫婦でパチンコ依存症なんです。最近では、お金が回らなくなって、今月も銀行にお金がなく、水道代、電気代が引き落としできませんでした。

結婚16年目ですが、旦那はスロット歴20年、私はパチンコ歴3年です。

私のパチンコのきっかけは、旦那が仕事休みといえばいつもパチンコに行くので、私は一人残され、その寂しさから一緒に行くようになりました。

ほんの軽い気持ちで夫婦一緒にパチンコをして、私が勝って、それを旦那も喜んだ、というのが最初でした。今となっては、本当に馬鹿なことをしたと後悔しています。

旦那は、これまでパチンコで（たぶん）1000万円以上は負けたでしょう。

今年は特にすごいと言うか、給料が減って、仕事も減ったのに毎月10万円は負けています。息子のために、多めに借りた学費ローンもパチンコ代になり、毎月、家計は火の車。食費にも事欠く状態で、旦那に窮状を訴えても「関係ない」と怒るだけです。

そんな状態になっているので、私もパチンコをするのを以前より、かなりセーブしていましたが、もう限界です、完全にやめます！

最近では「パチンコ代はもうない」と、旦那にお金を渡さないようにしていましたが、あの手この手でお金を引き出そうとします。旦那が犯罪者にならないか心配です。

今までいろんな物がパチンコ代に変わりました。定期代、ガソリン代、医療費として渡したお金、買い物を頼んで渡したお金、祝い金、保険で戻ったお金、子どものお年玉や私の財布から勝手に持ち出したり、カードで勝手に引き出したり、クレジットローンで借りたり…。昨日も子どものお年玉に手を出し、お小遣いまで狙っていて、本当に怖いです。

子どもの行事に出かけるよりもパチンコ優先で、たまにつきあってくれたとしても、パチンコ屋に行きたがってそわそわします。仕事帰りは、いつもパチンコ屋に行き、散歩と言えば、パチンコ見学です。

私が「パチンコ代に渡すお金はない」と言うと、旦那は「お前が働け。体で稼げ」とか、体調の悪い私に「お前は死んだら保険はいくらか」と聞かれ、私が「1000万」と答えると「そんなもん、遊んですぐなくなる金や、もっとかけろ」と言われました（私は殺されるのでしょうか）。

何年か前のこと、旦那は覚えていないというんですが、私は寝ている時に、二度も首を絞められたことがあり、いきなり殴られるという怖い思いもしました。

パチンコが原因なのか、わかりませんが、旦那はすぐキレるし、思うようにいかないと物を投げ、子どもも投げられたことがあります。

家族がいるのに、働いたお金はすべて自分のもので、子どものお小遣いやお年玉も元は自分が働いたものだと言って使います（小遣いは決まった額を渡していたのに、それはどこに行ったのでしょう）。

私は旦那の両親に相談したいのですが、姑はよくわからない宗教にかかわっていて、話したくないと言います。以前、話してみたら、「頭が痛くなるから聞きたくない」と言われました。

今、私は毎日、旦那の顔色をうかがいながら生きている状態です。

誰にも言えない！　早く助けてほしい！

けれど、私自身も闘わないと勝ち組になれないので頑張ります。

私の理想は、旦那と一緒にパチンコ行くことよりも、ランチやジム、家族旅行に行くことでしたし、パチンコに使うお金を子どものために使いたかった。
どうか、どうか、息子が「パチンコしたい」などと言いませんように。

夫とともに楽しもうと出かけたパチンコホールが家庭を壊していき、夫の深刻な病状に今は悲鳴を上げている。子どもたちのためにも、一日も早い治療、救済が求められる。

## 異常な場所だとわかっているのに行ってしまう

失業してヒマになり、「何もすることがないからパチンコでも」と思って行ってみた、それで生活不安が倍加したという場合もある。東日本大震災の被災地でも、「することがないから」と初めてパチンコ屋に足を踏み入れた人は少なくないだろう。
次はそんな失業者の男性からのメールである。

**【パチンコの矛盾に憤りつつ／30代男性】**

はじめまして。私は39歳、無職の独身男性です。

若宮さんの著書を読んで深い感銘を受けましたので、メールさせていただきました。

私は昨年会社からリストラに遭い、現在無職で収入が全くないにもかかわらず毎日のようにパチンコ屋に通い、貴重なお金と時間を浪費する毎日を送っています。

常識的に考えて、現在の生活パターンが異常である、という自覚はありますが、勝ったときの興奮と、今までの負けを取り戻したい一心で、なかなかやめられません。

また、無職で他にやることがないのもパチンコ屋に行ってしまう原因の一つです。パチンコで勝つことは楽しいですが、パチンコを取り巻く環境は知れば知るほど異常でおぞましく、明らかに病んでいます。

今回、若宮さんの著書で、改めて日本のパチンコが野放しにされている現状、および官僚、警察、マスコミなどが正しく機能していない状態を客観的に知ることができ、とても衝撃を受けています。

パチンコ議員というのは初めて知りましたが、そんなとんでもない議員が所属する政党に国民は政権を与え、大臣の座まで与えていたんですね。

私の住んでいる地域のＪＲ駅の周りには薄気味悪いほど多くのパチンコホールが存在し

ます。駅を利用する多くの方々が、これらのホールに吸い込まれて行き、労働で得た収入の多くがホールで吸収され、どこかに流れていると思うと恐ろしくなります。

日本は経済大国であるにもかかわらず、国民が豊かさを実感できない原因の一つとしてパチンコが大いに関係していると思っています。

手元に1万円あれば、普段は手の届かないような高級な料理を食べることができますが、パチンコでは1時間もあればすってしまいます。お金を失った後で、「1万円あれば、あんなこともこんなこともできた」と改めて気づきます。

とりとめのない文章になってしまいましたが、このたびはこのような良書を世に出していただき誠にありがとうございました。今までパチンコを批判する報道、書籍がほとんどないことがこの国の異常を物語っています。

この方のように、パチンコにハマりつつも、パチンコに対して不可解さや違和感、腹立たしさをぶつける人は多い。次の女性もそんな一人である。

【当たると他の客ににらまれて恐ろしい／女性】

先々週ごろからパチンコで負けてばかりで、A店で負けたらB店に行って取り返すというような繰り返しの毎日を送っています。

先週の金曜日、B店に行って、なにげなく選んだ台が爆発し、パールフラッシュが鳴りっ放しで大当たりが38回でした。確かに興奮しましたが、他の客の反応も半端ではありませんでした。

周りの女性客たちに、ずっとにらまれて、正直、恐ろしいと思いました。そうした客たちが、私よりもっと依存症の度合いが高いのを実感しました。

この日は一日中、周りの女性客からにらまれて疲れてしまい、以降パチンコに行っていません。なにか、戦場で戦って疲れ果ててしまったような感じです。

私がパチンコをやっていて一番不思議に思うことは、台にハマった客がそれ以上は無理とあきらめて帰ったり、別の台に移ったりした後に、そのハマり台に別の客が座ると、またすぐに大当たりがくることです。これまでパチンコをやってきて、何度もこういう場面に出くわしています。

やはり、遠隔操作されているのでしょうか。そんなにタイミングよくパールフラッシュが鳴るなんて、何度、不思議に思ったか知れません。

パチンコをやめる気持ちはあるんですが、すぐにやめられない気がします。少しずつ努力してみようと思います。

## 裏側を知って吹っ切れた

すでに書いたように、筆者が出演したCS放送「チャンネル桜」の報道特番「パチンコで壊れる日本」はネットへの動画配信を通じて大きな反響を呼び、パチンコ問題の深刻さを世に訴えるよい機会となった。その中で、パチンコ店経営の裏側に精通した元パチンコ店統括部長にインタビューしたが、その内容に衝撃を受けて、メールを寄せてくれる人が少なくない。

こんなパチンコ店に入れ上げた自分が馬鹿だった、目が覚めた、というような文面を読むと、番組が役立ったと嬉しくなる。次のメールはその一例である。

【店を信じていたのに／20代男性】


はじめまして。東京都中野区在住の27歳の男性です。

たまたま昨日、ユーチューブで「チャンネル桜」の番組「パチンコで壊れる日本」を拝見し、メールせずにはいられなくなりました。

私もつい最近までパチンコ・パチスロを毎日のようにやっておりまして、最近負けが込んできました。何千万円という単位ではありませんが、これまで約6年近くパチンコ・パチスロをやっておりますが、100万円程度は間違いなく失っております。

パチンコ・パチスロで失ったものは、お金以外にも時間、人との信頼関係、夢などで、大切なものが次々と無くなっていくことに気がつきました。本当に今の自分を反省しています。

6年前に戻って、パチンコ・パチスロに費やした時間やお金を自己投資に使っていたら、人生がどれだけ変わっていたかと思うと、悔しくてなりません。これまで何度もやめようと思いました。

しかし、朝起きると「今日は勝てるかも」と考えている自分がいて、気づいたらパチンコ店に並んでいたりしました。しかし、昨日拝見した番組で若宮さんの話を聞き、何か吹っ切れたものがありました。また、インタビューで登場した元パチンコ店統括部長のお話にもあ然としました。

これまで、パチンコは釘次第であり、どれだけ回転率を上げるかということだけ考えて打っていました。店側が遠隔操作をしているなんて考えてもいませんでした。現在、私の周囲にも遠隔操作をしている店はないと思い込んで、ただひたすら釘だけを見て、回転率が良い台に座って打っている人が大勢います。パチンコ店が遠隔操作やホールマネージメントシステムを採用しているとわかれば、そういった人たちもやる気が失せると思います。

あの番組で元パチンコ店統括部長の話を聞くことができて本当に良かったと思います。遠隔操作で売上金額を調整しているなんて、今までお店を信じ切っていた自分がばかばかしくなりました。確実に勝てないとわかれば、パチンコ・パチスロをやる気は失せますし、明日からは仕事に専念して、今追いかけている夢に向かって、もう一度やり直そうと考えています。

こういった気持ちになれたのも若宮さんが先陣を切って、動いていただいたおかげだと思います。近々、先生のご本も拝読させていただきます。

失った歳月や金を悔いておられるメールだが、パチンコを打っている時間ほど、もったいない時間はない。なぜなら、何も得るものがないからである。頭を使うわけでもない。体を使うわけでもない。ただ黙ってハンドルを握って玉を弾きながら、液晶画面を眺めているだけである。パチンコだけは、得るものが少しもない。失うだけである。

## 我が子の依存症に苦しみもがく母親たち

筆者が、特に辛くて涙ぐみそうになるのは、依存症の息子に苦しむ母親たちから寄せられる手紙である。失意のどん底にありながら、どこまでも息子を救おうと手を差し伸べ続ける母親たちの苦しみは想像を絶するものがある。手紙を書くどころか、誰にも伝えられずに悩む母親や家族も多いに違いない。

将来ある若者の人生を狂わせて、母親を失意のどん底に落とすパチンコとは、一体何なのだろう。

**【どうして規制されないのか／一人息子の母】**

若宮さんの本を新聞の広告で知り、本屋さんで購入して一気に読み終えました。こんなにパチンコで苦しんでいる私が、お隣の韓国でパチンコが全廃されたのも知らずにいました。

一人息子がパチンコに狂い、それからすべてが変わりました。初めは、「おれはギャンブル依存症だから」という息子に対して「何を言うの。そんなのやめようと思わないからだよ、自分でやめなきゃ」と言っていました。

私も私の家族もギャンブルには無縁で、理解不能な世界だったのです。でも「ギャンブル依存症」について調べ始め、本を読んだりして、ずっとしました。息子が完全にギャンブル依存症だとわかったからです。

息子は高校卒業後、専門学校に入ったものの半年足らずで中退、アルバイトや派遣で働いても半年程度で次の職に替わるという具合で、その間、働いたお金はパチンコに使っています。今までトータルでどれだけ使ったのか、わかりません。

何年働いても、通帳には300円ぐらいしか残っておらず、給料をもらってもすぐ「金を貸して」と言うのです。

一日中パチンコをして、食事もろくにとらず、タバコを吸いながら打ち続ける息子。落ちくぼんだ目とこけた頬の息子を見ていられません。

アルコール依存症には医療などの対応があり、タバコに対しても禁煙が叫ばれているのに、どうしてパチンコ依存症については放っておかれたままなのでしょう。どうしてパチンコ店は規制されないのか、高い入場料を取るなどのやり方はあるのではないかと、いろいろな疑問が尽きませんでした。

若宮さんの本を読んで、何も知らなかった私が馬鹿だったと気づきました。

韓国でできたパチンコ禁止を、日本でもしてほしいです。息子に依存症から立ち直ってほしいことはもちろんですが、他の人たちも息子のようにならないでほしいのです。そして、私のように辛い思いをする親をなくしてほしいです。

署名など、私にできることは、何かありますか。

若宮さんの本を読み、ただ、「韓国は全廃したんだ」と思うだけで終わらせたくなくてペンを執りました。

## パチンコで借金する息子の「歩くATM」になって

もう一通、息子の借金の肩代わりで苦労されている母親の手紙を紹介したい。

最近になってようやく、精神科医の著書や依存症の人を支える団体の活動などを通じて、ギャンブル依存症に対して家族はどう対処すればよいかが知られるようになった。

しかし、まだまだ家族たちは手探り状態で、真っ暗なトンネルの中を歩き続けている。

**［心から笑える日がない／30歳の息子の母］**

突然に、お手紙を差し上げますことをお許しください。実は、私は30歳になる息子のギャンブル依存症に長年苦しんでおります。

息子は、他県の大学に進学し、初めて親元を離れて一人暮らしを始めたころから、パチンコを覚えてハマってしまったようです。当然、学業はおろそかになり、とうとう中退する羽目になってしまいました。その後、水商売の仕事をして生活していたようですが、借金をしてまでパチンコをしていたなんて、思いもよらないことでした。

最初の借金問題が発覚した時、私たち家族は正しい対応の仕方も知らず、これでやめるだろうと思って、肩代わりしてしまいました。しかし、そのころすでにギャンブル依存症にかかっていたのです。やめるどころか、状況は悪化して行きました。

今度こそはと、立ち直ることを願いながら、何度も援助し、そのたびに、再三、裏切られ、家族も共に、依存症の被害にどっぷりとつかって行きました。

特に、母親の私は重症でした。まるで息子の「歩くＡＴＭ」になって、息子の借金返済のために、早朝から夜まで働き通しの状態でした。

そうしたなか、ギャンブル依存症について学ぶ機会を得ることができて、これが世界保健機関も認定している、れっきとした病気であることを知りました。決して完治はしない病気であることも。

家族として一番大切なことは、決して尻ぬぐいをしてはいけない、本人のやったことから手を引く、ということで、私たちの知らなかった対応の仕方を学びました。

そして、その道を歩もうと決めましたが、この苦しみは本当にどう表現したらいいのか、筆舌に尽くし難いものがあります。こんなに恐ろしい病気の者に対して、手を出さずに見ているだけというのは勇気がいることです。

どん底に落ちても自分の力ではい上がってくる方もおられるでしょう。しかし、ギャンブル依存症でそういう方はわずかでしかないと思います。現に、自殺したり、犯罪に手を染めたりしている人も多いのです。

自分ではコントロール不能になったままの状態で、借金を抱え、どうしてまともな社会人として生きていけるのでしょうか。

本人も、苦しんでいるでしょうが、一人のギャンブル依存症患者の周りには依存症で苦しんでいる家族がいるのです。

家族は、毎日がこのような危機に見舞われて心から笑える日がありません。しかし、死ぬこともできず、この恐怖を背負いながら、一生を終えなければならないと覚悟しています。

私は、このような思いをもう誰にもさせたくありません。何とかして、世論に訴えなくてはと考えておりましたところ、若宮さんの著書が目にとまり、早速買い求めて読ませてもらいました。

内容は、驚くことばかりで、国会議員や警察の方々の姿勢にも腸《はらわた》が煮えくりかえる思いでした。国民を守らなければならない方々が、高収入を得、平然と遊んでいる。

この方たちは裕福だから、いくら遊んでもギャンブル依存症が明るみに出ないで済まされているのです。パチンコは年金暮らしの人や主婦、給料の安い若者たちを食い物にしてしまう。

ある冊子には、パチンコ業者が自分たちの業界を正当化して、ギャンブル依存症になる人が悪いように書いてありましたが、それを国が放置している限り、きっと大きな社会問題になっていくと思います。

私は、専門的なことはわかりませんが、何か手立てはあると思います。例えば、ギャンブルはある一定以上の高所得の人以外はできない制度を作るとか、換金制度をやめさせ品物交換だけにするとか、また、出玉を制限するなどです。昔のように、遊び程度にすればいいのです。

本心は、この国からパチンコを全廃してほしいです。今回、若宮さんのような、パチンコがもたらす危機を真剣に考えて下さり、わざわざ韓国まで行き取材して下さった方がおられたことに、本当に感謝いたしております。

2人の母親の手紙を紹介したが、いずれも国が野放しにして規制がないことを憤っておられる。ギャンブルに依存症は付きもので、世界中のカジノはそれを前提に一定の規制やルール、救済策を講じている。日本のパチンコは、建前ではギャンブルではないとされていることもあり、プレイする側に対する表立った規制は年齢制限程度しかない。堕ちる者はどこまでも堕ちていけ、というようなもので、結局、家族が犠牲になるのである。

## 離婚、自己破産、失業、それでもやめられない

では、堕ちるところまで堕ちたらどうなるのか。

次は、家族も財産も友人も失った男性だが、自分の体験が他の依存症の人に役立つならと、正直に身の上をメールにつづってくれた。そして、それでもなお、パチンコはや

められないと告白している。

**［活を入れてほしい／40代男性］**

私は42歳、男、バツイチです。小学6年生の息子と4年生の娘がいますが、元妻の方におり、私は一人で住んでいます。

正しい生き方ができずに情けなくなり、自然と涙が出てしまう毎日です。

今までもいろいろなところに相談をしたり、インターネットで調べたりして、なんとかパチンコをやめるように努力をしてきましたが、結局やめられず、今日まで来ました。

これから書く内容は「自業自得」と思われるに違いありませんし、ふざけた話だと思われるかもしれませんが、最後まで読んでいただけたら幸いです。

私はギャンブル（パチンコ）がきっかけで人生を狂わせてしまいました。私がパチンコをするきっかけとなったのは、高校卒業後の春休みに友達に誘われたことでした。

いわゆるビギナーズラックを経験し、それからは週に2、3回は行くのが当たり前になりましたが、まだ一般的なパチンコ好き程度だったと思います。時折、カード会社でキャッシングするものの、返済はできていて、結婚する30歳までは深みにはまるほどではなかったと思います。

結婚後もパチンコはしていましたが、「上限を決めてやるならやってもいい」という妻の言葉に、つい使い込んでしまうことが当たり前となり、出産準備金まで使い込んで妻にばれてしまいました。

「もうパチンコはしない」と固く約束したはずなのに、また数カ月後に使い込み、金額も大きくなりました。また許してもらい、と繰り返すこと4回、ついに9年前、離婚しました。

その後も、友人数人から借金を重ねるなど迷惑をかけ続け、何度もやめると固く約束したというのにやめられず、所有していたマンションを処分、サラ金数社から借りて、自転車操業状態となり、自己破産までしました。

そんな状況のときに、元妻より「子供たちのために復縁する気はないか」という話が出て長年働いていた大手企業を辞め、5年前に元妻の住んでいる所に行きました。

しかし半年で、パチンコではなくささいなことで同居生活は崩壊し、また一人で生活することになりました。それからは職も転々とし、相変わらず、やめられないパチンコのために養育費はおろか家賃、携帯電話・電気・ガス代なども延滞するありさま。

それからも幾度となく繰り返し、持ち金を使い果たし、さらに周りに借金などの迷惑をかけ、気がつけば、友達、先輩、家族などすべてを失いました。

結局、うつ病と診断され、生活保護に頼ることになりましたが、約2年半の無職の間も、ことをあろうにパチンコをやってしまったという人間失格な状態です。

パチンコを完全にやめることができない限り、自分に未来はない、とわかっていながら、いまだに、うまく立ち回れば小遣い程度は稼げると、心の奥底で考えてしまっている私に、どうか活を入れていただけたら、これほどありがたく心強いことはございません。

## 10年間で1000万円つぎ込んだ女性薬剤師の場合

メールや手紙だけでなく、直接、お会いする依存症の方も少なくない。

そのうちの一人は女性の薬剤師さんで、かなりの重症である。飛鳥《あすか》さゆり（仮名）さん、29歳の既婚女性である。

お会いするきっかけは拙著に対する感想メールで、その後、依存症の体験を語ってもらうということで「チャンネル桜」の番組への出演を2度お願いした。引き受けてくださるぐらいだから、依存症の自覚がきちんとあり、立ち直りたいという意志もはっきりしている。それでも、依然、やめられないのである。

白ぶどうの実のようなつるりとした端整な顔立ちで、邪念のない笑顔が印象的な女性である。薬剤師として働いている人でもあり、なぜ、こんな人がパチンコ依存症になってしまったのだろう、と不思議でならない。

メールの中で「こんな本を書けば、身辺に危険が及ぶかもしれないので、若宮さんを守る会を作ってあげたい」などと書いてくれているが、パチンコ依存症の方々は、お会いしてみると、どなたも心優しい、柔和な人が多い。

彼女が、最初にパチンコと出会ったのは高校2年のとき。お父さんに連れられてパチンコ店に行った。お父さんは気軽に連れて行ったのだろうが、現在抱える悩みの大きさを考えれば、大変なことをしたものである。

薬剤師を目指していたので、高校3年のころは受験勉強をしながらも、たまにパチンコをしていたという。無事大学にも合格し、薬剤師の資格を取って卒業。深入りしたのはそれからで、薬局に勤務してから、パチンコ通いに火が付いてしまった。

薬剤師の給料は、比較的恵まれている。それで金づかいが荒くなった面もあり、やめるチャンスを逃していった。さらに、結婚した男性がパチンコをやるので、ますます深みにハマっていった。夫婦でパチンコをやるとブレーキがきかず、負ける金額も倍加して家計にとっては最悪である。彼女はスロットもやるので、もともと負ける金額も大きい。「チャンネル桜」に出演してもらった際のギャラも、帰りに行きつけのパチンコ店に寄って、すってしまったと、後日、聞かされたときは驚いた。依存症の辛い体験を話して帰る途中でさえ、パチンコ店に足が向いてしまうのである。

水曜日と日曜日は仕事が休みだが、パチンコのできる水曜日が待ち遠しく、朝から店に走るという。さすがに仕事に疲れて日曜日だけは一日寝ている。これまでの10年足らずで1000万円を超える金額をパチンコで失ったという。

飛鳥さんは、治療のためにいくつかの病院に出向いてみた。

ところが、最初の病院では、医師に症状を話すと鼻でせせら笑われたという。実は、飛鳥さん以外にも、精神科医にかかったのにきちんと相手にしてもらえなかったという、依存症の方からのメールが何通も届いている。

次の病院で、飛鳥さんは医師から「すぐにはやめない方がいい」と言われたという。「パチンコ業界の回し者か」と言いたくなる。

この飛鳥さんの「診療」体験は、パチンコ依存症の治療に真剣に取り組んでいる精神科医がいかに少ないかを示している。この医療の取り組みのお粗末さについては次章でも触れたい。

さらに飛鳥さんは、ＧＡ（ギャンブラーズ・アノニマス）というギャンブル依存症の自助グループの集まりに参加したり、筆者もいろいろとアドバイスしたが、かんばしい効果はなかった。簡単にスリップ（禁じられた行為を繰り返す）してしまうのである。

ある精神科医には、うつと診断され、長い間、通院したという。少しも改善しなかったことを考えれば、うつという医師の診断が正しかったのか疑問に思えてくる。

依存症は職業や頭の良さ、教育程度とも関係がないと思う。裁判官でも依存症になるのがパチンコであり、実際に、警察官や教師にもパチンコ依存症が少なくない。

飛鳥さんに、2回目のチャンネル桜出演を頼んだとき、会場は東京の豊島公会堂であった。800人近くの参加者の前で体験談を語ってもらったが、会場から心ないヤジが飛んだ。匿名の体験発表ということで、会場からは顔が見えないようになっていたが、ディレクターによると、彼女はボロボロと涙を流したという。

筆者は、もしかしたらこのショックがパチンコをやめるきっかけになるかもしれないと思ったが、効きめはなかった。

何があっても、パチンコ屋に吸い込まれてしまうという辛さ。本人はやめたいと願っているのにやめられない。

さまざまに手を尽くしてきたが、後は入院治療しかないのだろう。

このすさまじい自己矛盾の苦しみが、これからも続いていくのかと思うと、気の毒でならない。しかし、これがパチンコ依存症なのである。

## パチンコ依存症を克服した人々

では、立ち直った人はいないのか、と言えば、そんなことはない。壮絶な体験の末に、やっとパチンコから離れた人もいる。

これは、2011年10月、筆者も講師として参加した秋田市でのシンポジウムで出会った青年の例である。

多重債務問題の解決のために相談活動を行っている「秋田なまはげの会」と「秋田アディクション問題を考える会」の共催によるシンポジウム「なぜくり返す！　ギャンブル依存症と借金を考える」に筆者は招かれ、講演を行ったが、その後のパネルディスカッション「パチンコ依存症と多重債務」で、パチンコ依存症に苦しんだ若者の体験発表があった。自分の体験が他の人の役に立つならと勇気をもって発表してくれた、その内容は衝撃的なものだった。

秋山正（仮名）さんは25歳。パチンコに手を出したのは、秋田から東京の大学に進学してからである。一人暮らしの学生生活になってから、パチンコに初めて手を出すというよくあるパターンである。

あっという間に夢中になり、大学にも行かなくなるほどパチンコにのめり込んでしまった。友人から金を借り、やがてサラ金に出入りするようになって首が回らなくなり、ついに大学を中退して秋田に帰らざるをえなくなった。

秋田に戻ればパチンコをやめられると思ったが、故郷の町にもパチンコ店はあり、やめられなかった。仕事を見つけても身が入らず、職場を転々とする。

あるとき、工場で作業していて機械の操作を誤り、腕をはさまれて右腕を失う事故に遭う。両親には「パチンコを続けた罰が当たったのだ」と言われた。

さすがに右腕を失って目が覚めたが、しばらくするとまた、パチンコに行きたくなる。結局、自らアルコール依存症を治療する病院に入院し、依存症専門の治療を受けてやっとのことで立ち直れたという。

パネルディスカッションの後で、秋山さんと話をしたが、実にさわやかで聡明な青年である。これだけすさまじい体験をしたら、気持ちが荒《すさ》んで風貌にも表れるのではないか、と思うのだが、それが全くない。

それだけに、パチンコでつまずかずに健全な大学生活を送っていたら、今ごろ、どんなに活躍していただろう、と想像してしまう。何より右腕を失うこともなかっただろうと思うと、無念さとパチンコへの怒りでたまらない気持ちになる。

もう一人、見事に立ち直った女性を紹介しよう。

彼女はひどい依存症の例として以前、拙著の中で紹介したこともある人で、筆者も何とか脱出してほしいと相談に乗ってきた。

あるとき、全く違う世界を知ってもらったらどうだろうかと思い、筆者がよく出かける東京・上野の国立西洋美術館に案内したのである。そうすると、おそらく彼女には絵に対する素養がもともとあったのだろう、その後、何度も同美術館を訪れたという。

驚くことに、そうしているうちに、パチンコへ行かなくなったのである。これは奇跡のようだった。今ではパチンコに戻ることなく、あちこちの美術館や画廊めぐりを楽しんでいるという。幸運にも、本来の素質が呼び覚まされたというべきだろうか。

彼女のように、今パチンコにハマっている人たちも、眠っている個性に目覚めて、法外な金を奪い取られることのない趣味の世界を楽しむことができれば、破滅の道を歩まずに済む。

芸術文化をはじめ多様な世界に触れる楽しさに目覚めれば、「パチンコしかない」「パチンコでもしようか」という境地に追い込まれずに済むだろう。

パチンコ依存症対策とは、一見、遠いようだが、文化や教育に関する政策は重要であり、それによって、少しずつでもこの国は変わるのである。

## パチンコ事業者が実は把握している依存症の恐るべき実態

身近に寄せられる情報から、日々パチンコ依存症の深刻さを実感する一方で、もっと全国的な実態がわかる資料はないのか、と思ってきた。

前章でも触れたが、全日本遊技事業協同組合連合会（全日遊連）の顧客対象アンケートは、2003年とやや古いが、来店者約4500人から回答を得ている点が興味深い調査である。

2003年と言えば、パチンコの売上高が90年代のピーク時の勢いはないものの、30兆円近い好調を保っている時期である。パチンコホールの鼻息は荒いが、パチンコ依存症に対する社会的関心が高まってくる時期でもあった。このアンケートも単なる顧客調査というより依存症の実態を業界として把握しようという意図を持っていたことが設問などから感じられる。

まず、どの程度、パチンコをしているのか、全体動向を見ると、頻度は「週1回以上」が全体の75％。このうち「週に3～4回」が28％で最も多いが、「ほとんど毎日」も21％いる。

一日の平均遊技時間は「3～6時間未満」が42％と多いが、4人に1人は「6時間以上」と答えている。パチンコ・パチスロ歴は「10年以上」が47％と半数を占める。

「自分で決めている一日の投資限度額」が「ある」人は全体の半数で、その平均金額は2万7671円。「2万～4万円未満」と答える人が57％と最も多い。

「万一、初当たりまでに投資限度額を超えてしまった場合、どうするか」と問うと「やめる」という人は18％しかいない。「当たりそうならば続ける」41％、「当たるまで続ける」14％と合わせて、55％が予算に関係なく続行すると答えている。

「投資限度額を超えてしまい、お金を借りたことはあるか」という問いに対しては、全体の32％、3人に1人が「ある」と答えている。「よくある」8％、「たまにある」18％、

「一、二度ある」6％が内訳であるが、借金しながら遊ぶのが決して珍しくないことがわかる。

さらに、「一日に使った金額の、これまでの最高はいくらか」では、「5万〜10万円未満」が37％で最も多い。「10万円以上」も21％いる。やはり、「高級レジャー」と言うしかない。

こんなに大枚をはたいてしまう遊びを「やめたい」と思ったことはないのか。「ある」人は、なんと全体の61％に上る。内訳は「あるが、好きだからやめられない」31％、「あるが、何となくやめられない」が30％である。

前章でも紹介したが、「自分がパチンコ依存症だと思ったことはあるか」という問いに対しては「思う」は29％、「思わない」49％、「わからない」19％となっている。さらに「思う」人に「治療（回復）は必要か」と尋ねると、「必要」は30％、「必要と思わない」41％、「わからない」26％、である。

自己申告の回答でもあり、実際の症状を反映したものではないが、来店者全体で「自分は病的かもしれない」と感じる人が3割おり、「治療が必要」と答える人がやはり全体の1割を占める。

こんなレジャーが一体、他にあるだろうか。麻薬や覚醒剤の話をしているのではない。以上のアンケート調査の主体は全日遊連というパチンコホール団体であり、これらの現実を業界は認識しているということになる。全日遊連は、こうした実態把握をもとに、2006年、パチンコ依存症問題の相談機関である「リカバリーサポート・ネットワーク」（沖縄県中頭《なかがみ》郡西原町）を設立したのだろう。

しかし、それから状況はどれぐらい良くなったのか。

パチンコ依存症は個人的な悩みではなく、社会全体の問題であり、危機であるという認識が広がらない限り、現状は良くならない。

# 第3章 パチンコ依存症を生み出す社会構造

## 依存症を誘発する5つの要素

人がパチンコ依存症になるのは、パチンコやパチスロにハマりこんだからではない。日本独特の構造をもつ「パチンコ依存症誘発システム」にはめられたからである。

法律も警察も、国会議員も医師も大マスコミも、この被害救済の頼みにならないどころか、無策にして怠慢であり、場合によっては加担者になっている。それによって、できあがったのが、この恐ろしいシステムであり、これまで無数の悲劇が生まれたと言ってよい。

「依存症誘発システム」の主な構成要素は次の5つである。

さまざまな不正が横行するパチンコ業界
業界と癒着している警察
業界にすり寄る政治家
専門的対応が遅れている医療
広告収入優先で事なかれに流れるマスコミ

いずれの立場にも、少数ながらパチンコ被害の現実を直視し、改善に向けて動こうとする良心的な人々はいる。しかし、長年にわたって形成され、定着してきた強固なシステムは簡単には揺るがない。

いまだ「パチンコに違法性はない。のめり込むのは本人の責任だ」と考える人は多い。自分自身や自分の子ども、親しい友人が破滅の淵に沈んで初めて、ことの重大さがわかり、この問題の前に立ちはだかっているシステムの壁の厚さに気づくのである。いったん依存症に陥れば、現状では救済されることは非常に難しい。

本章では、このパチンコ依存症誘発システム、あるいはパチンコ被害発生システムともいうべきものの実態がどのようなものか、一端を示したい。ただし、マスコミの問題については、第5章でじっくり触れる。

## テレビ、映画で禁じられるサブリミナル効果がパチンコの特許に

日本のテレビ界で「サブリミナル効果」が一躍、話題になったのは1995年のことである。オウム真理教問題を扱った民放番組で教団代表の麻原彰晃の顔の映像が、通常

では認識できない速度で入っていたことが発覚し、放送局は当時の監督官庁である郵政省から厳重注意を受けた。

このことがあって、ＮＨＫも民放も、放送基準にサブリミナル効果を自粛する項目を入れるようになった。ＮＨＫの場合、「通常知覚できない技法で、潜在意識に働きかける表現はしない」と明記している。

意識しない中で、欲求を呼び覚まされる可能性のある映像を見せられる、ということは不条理としかいいようがない。広告効果として有効なのだろうが、ある種の謀略であり詐欺的行為と言えるだろう。だからこそ、このサブリミナル効果を疑われる行為は放送や映画などでは事実上、禁止されているのである。

以前から筆者は、パチンコ台やスロット機の液晶にもこの効果が仕込まれているのではないか、これが依存症をつくる原因の一つになっているのではないか、と疑念を持ってきた。それがついに現実であることを突き止めることができた。

パチンコ台メーカー藤商事が、１９９５年に特許庁に出願し、２０００年に受理された特許番号第３０２９５６２号の発明がそれである。

この特許の詳細を記した特許公報によると、「発明の名称」は「弾球遊技機」で、発明のポイントはまさにサブリミナル効果の活用である。発明内容の説明文には、「サブリミナル効果」という言葉がなんと6回も登場している。特許公報は、特許庁のホームページで、特許番号などで検索すれば誰でも見られるので、ここでは要点をかいつまんで説明したい。

特許の対象分野は「パチンコ機、アレンジボール機、雀球機等の弾球遊技機に関するもの」であり、発明の目的は「遊技者にゲーム続行の意欲を喚起できる弾球遊技機を提供すること」とある。

## 大当たりの暗示図柄でゲーム続行

発明の動機である従来機の課題について、特許公報の説明文にはこうある（表記は原文通り。ただし、原文にある付図参照のための記号は省略した）。

「例えば、同一条件であることを前提に製作された同種の弾球遊技機でも、各弾球遊技機毎の個体差によって大当たりの発生確率に大きなバラツキがある他、同一の弾球遊技機においても、発生乱数に周期性があり、ある場合には極く短い間に大当たりが繰り返して発生することもあれば、前回の大当たりの発生から、通常の3倍程度も変動図柄表示手段が作動するにも拘わらず、大当たりの発生は勿論のこと、その前兆的な兆候すら全く生じないことがある」「このような場合には、ゲーム自体が非常に単調なものになり、多少の演出効果程度では遊技者のゲーム続行に対する意欲を維持又は喚起することができず、遊技者のゲームの断念を招来する欠点がある」とある。まさに依存症をつくる罠をしかけているとしか思えない。

具体的なしかけとは、液晶に表示される大当たりの図柄を「暗示図柄」として、遊技者が認識できないぐらいの短い時間、挿入し、潜在意識を刺激して期待感を持たせ、ゲームを続けさせようというものである。例えば、説明文にはこうある。

「ゲーム開始後、暗示図柄表示制御手段の時計機能により設定時間が計時されており、所定時間が経過する毎に、第2変動図柄表示手段に暗示図柄、即ち『7・7・7』の大当たり図柄を0・04秒から0・08秒程度の極く短時間だけ挿入して表示する」。

そして、その結果として「遊技者は、ゲームの開始後に所定時間が経過する毎に、その暗示図柄によって潜在意識が刺激されることになり、そのサブリミナル効果によって大当たり発生に対する期待感を抱きながら、面白くゲームを続けることができる。つまり、所定時間毎に遊技者にゲーム続行の意欲を喚起することができる」とある。

発明内容は、これに類するいくつかのパターンで暗示図柄の挿入方法と効果を示しているが、要は、暗示図柄による遊技者への刺激で、遊技者を長時間、パチンコ台に拘束することを意図していることは明らかである。

「暗示図柄は、遊技者に有利な状態を暗示できるものであれば良く、『大当たり』と文字で直接的に表示しても良い。更に、暗示図柄は何時表示するようにしても良い。各実施形態では、所定時間として一定時間を例示したが、暗示図柄を出す時間間隔はランダムに変化させても良い」。遊技者を操るのは自由自在と言わんばかりである。

この特許期限は２０１５年10月30日までであり、特許料を払えば、どこのメーカーでも使えるのだから、多くのパチンコ台に使われてきたと見るべきだろう。特許登録時から年月が経っているだけに、さらに巧妙かつ確実にサブリミナル効果が活用されている可能性もあるし、この種の特許は他にもあるだろう。

どれぐらい多くの人が無意識のうちに、パチンコ台やスロット機の液晶を通じて「ゲーム続行」を訴えかけられてきたのだろうか。それによって、どれぐらいの金が投じられたのか。どれぐらいの人が、サラ金の世話になり多重債務に苦しんできたのか。

テレビなど、一般には禁じられているサブリミナル効果が、なぜ、パチンコでは野放しになっているのか、憤らずにはいられない。

## 46%の人が1カ月で6万〜10万円、14%が11万円以上

パチンコホールの全国組織「全日本遊技事業協同組合連合会」(全日遊連)の依存症研究会が、2003年に来店者対象のアンケート調査を実施していたことは前章で触れた。同研究会は、この調査とほぼ同時期に「依存症等に関する組合員向け意識調査」も実施している。

その結果報告も筆者の手元にあるが、それを見ると、パチンコ台メーカーとは別の意味で、ホールの依存症誘発体質というものを感じざるをえない。意識調査の回答者は遊技事業組合の組合員、つまり、全国のホール事業者4645人である。

まず、来店者の遊技状況をどう見ているのか。

「昨今のスロット機や新基準CR機を、顧客はどのように遊んでいると思うか」の問いに対して、「金銭的な負担がかかりすぎると思っている」という回答が72％と多くを占める。

具体的に「一人当たり1カ月にどの程度の予算を遊技に使っていると思うか」という問いには「6万～10万円」が46％と半数近い。11万円以上という回答も14％あるから、事業者の6割は顧客が月6万円以上つぎ込んでいると見ている。そして、その大半が、この金額の大きさを「いかがなものか」と思っているのである。

例えば、回答者の自由記述には次のようなものがある。

「今のパチンコはあまりにも金がかかりすぎ、そのため、社会問題になることが多いのではないか、昔の機械のように遊技する楽しみを持てることを考えてほしい」

「昔のようにパチンコの原点は、お小遣い銭で時間潰しができる娯楽の王様であるべき。現在の遊技台は競輪・競馬などよりもお金がかかり、他のギャンブルよりハイリスク・ハイリターンとなり、依存する人は多いとは言えないが、依存すると重いと思われる」

さらに「パチンコ依存症になる原因は、今の機械じたいが、賭博性が強いのではないか。もう少し、低い金額で遊べる機械を作るべきだと思う」という意見もある。

パチンコのギャンブルとしてのきわどさを経営者自身が強く意識しているのである。おかしいと思いながら、見逃しているのである。そして問題を遊技台と、それが出回ることを許してしまう法的、行政的しくみのせいである、と考えているホール事業者が多いことをうかがわせる。

## 「のめり込むのは自己責任」

では、依存症対策について、パチンコホールの事業者たちはどう考えているのか。

「過度にのめり込む客に対する対策を、業界が積極的に取り組むべきだと思うか」という問いに対して「思わない」が56％と多数派になっている。

「思わない」回答者について、その理由の回答（自由記述）を分類・集計しているが、「本人の問題であるから」に類する回答が72％と大多数となっている。

それ以外の理由では、「業界では解決できない問題だから」「客離れにつながるから」

「パチンコ業界だけではない問題だから」などが主な反応である。ただ、「思わない」という回答者でも、全日遊連の依存症研究会が、依存症を研究することについては肯定的な意見がそのうちの45％を占め、少なくはない。

多くのホール事業者たちは「こんなに金をつっこんで大丈夫か」と現場の病的な空気を感じながらも、「過度にのめり込む」客に対して、直接、対策を講じることには及び腰である。何か手を打つなら、業界団体である全日遊連でやってくれればいい、業界のイメージアップにもなるかもしれない、というのが多くの事業者の本音なのだろう。

ホール業界を束ねる全日遊連の依存症に対する危機感は大きいが、現場のホールは目先の利益にとらわれている。

全日遊連の危惧の大きさは調査報告書冒頭の「はじめに」の一節からもよくわかる。

今私たちの業界が直面し、取り組まなければならない問題の一つに「パチンコ依存症」の問題があることは否定しようのない事実と言えます。（中略）

「依存症」は対象物が好きでというよりもやめられない、多くは、特別好きでもないのに、しないではいられない、やめられない、という病気なのです。つまりは、依存症の問題は、「パチンコ」そのものの存在が直接の原因ではないのです。

ただし、「パチンコ」に依存する患者は「パチンコが好きでもないのにやめられない」のであって、決して「本人が好きでやっているのだからパチンコには何の関係も無い」とは言い切れない点を、私たちは十分に理解しておく必要があります。

さらには、ギャンブル依存症という病気を発症した患者の相当数がパチンコやパチスロを依存症の対象としている、との声や、新聞・TVなどが「ギャンブル依存症」について報じる際、パチンコやパチスロを依存の対象とする依存症者として取り上げられる事の多い事実を考えた時、業界としての考え方やその取り組みなどを適切に情報提供していく必要があり、この「依存症」問題への取り組み如何が業界の将来を少なからず左右する可能性は、誰しもが否定できないはずです。（後略）

この調査報告書がまとめられたのは2004年7月で、それから7年余りが経つ。2010年のパチンコの売上高は2004年の66％にまで落ち、他のレジャーに比べてもパチンコの凋落ぶりは際立っているが、その原因の一つは「客の金が続かない」と現場の経営者が不安になるほど、客を消耗させてきた異様な遊技実態があったからだろう。

全日遊連が危惧した通り、パチンコ業界は依存症問題を置き去りにしたまま、どんどんと顧客を減らし、壊し、売り上げも縮小した。

ホール事業者の中に依存症問題について「ホールだけが悪いのではない」という声は根強い。例えば、先の意識調査の自由記述の中にもこんな意見がある。

「パチンコ業がたたかれる時は、必ず『お金』の面だけがクローズアップされる。店舗側の責任ばかり押し付けられ、メーカーには全く非が無いような取り上げ方のように感ずる。店舗、メーカーそして風営法などの取り締まりも含めて、総合的な検証を行ってほしい」

「(依存症対策は)業界が取り組むというよりも、今の社会情勢が悪いのであって、むしろすぐにお金の都合がつくサラ金などをなんとかするように、国が積極的に取り組むべき」

確かに、射幸心をあおる賭博性の高い機械をつくるメーカー、それを許可し、市場に放出してしまう警察およびその天下り団体、可処分所得や資力に比して明らかに不相応な遊興費を工面してしまう消費者金融など、パチンコ被害は構造的に起きる。それがまさにパチンコ依存症誘発システムであり、パチンコ被害量産システムなのである。

## 韓国は全廃、中国は許可しないパチンコ

日本のパチンコ台が、海外で広く受け入れられていないのはなぜか。

中国は「日本のパチンコは絶対に許可しない」という強い姿勢を貫いている。日本の実情を知っていて、このギャンブルが国を没落させると警戒して許可しないのだろう。

欧米ではどうかと言えば、筆者の見るところ、そもそも欧米の人々にはパチンコのような、受け身でじっと当たりを待っているようなチマチマしたギャンブルは性に合わないのである。ほとんどそれらしい娯楽や産業は見られない。

韓国については、2000年ころ日本のパチンコ台を改造した「メダルチギ」の流行が始まり、全国1万5000店という過熱ぶりを見せて、犯罪や自殺などで被害が頻発したあげく、06年に禁止された。それは前著に詳述した通りである。

日本のパチンコ業界は退潮気味とはいえ、国内トップのパチンコホール、マルハンの2010年度の売り上げは2兆円を超える。これは、ラスベガスのカジノの売り上げ約5000億円の4倍である。

日本発レジャーのカラオケは世界進出を果たしたが、パチンコは日本に封印された産業である。海外進出ができないだけに、国内市場に生き残りを賭けるしかない。

日本で暮らす外国人たちは、この巨大ギャンブル産業とどうつきあっているのか。

韓国から日本の出先機関に派遣されて働いているマスコミ関係の男性に聞いた。

パチンコ店には友人に連れられて入ったが、2時間もしないうちに2万円負けて、そのときはそのまま帰った。しかし、1週間もしないうちに「何とか取り返したい」という気持ちがわきあがり、今度は一人で行ったという。そのときも一度も大当たりがなく、また2万円負けてしまった。それからはパチンコをやっていないと言う。

彼は、この体験から「パチンコは身を滅ぼすものだ」と実感したという。そして「あの液晶画面と効果音に、何か人を病みつきにする秘密が隠されているのではないか」と語った。サブリミナル効果を見通したような感想である。

彼の知り合いにはラーメン店で夜遅くまでアルバイトして稼いだ金をそっくりパチンコにつぎ込んでしまう韓国人留学生がいる。韓国語サイトの書き込みを見ても「2万円負けた」「3万円負けた」というようなパチンコに関するものもよく目につくということだった。

どうやら韓国の人は、日本人同様、パチンコに熱くなる人が多いようだ。本国で禁止されていても、日本に来て同胞が経営しているホールでハマってしまうのである。

東京の歌舞伎町など風俗店の多い盛り場のパチンコ店では、タイ、フィリピンなどアジア系の外国女性たちをよく見かける。風俗店に詳しい友人によると、その筋で働く女性たちにパチンコ依存症らしい人は珍しくないという。ストレスがたまる仕事なので、ついパチンコで発散しているうちにのめり込んでしまう。負けても負けても通いつめて、稼いだ金をホールにつぎ込んでしまい、故国の家族に仕送りできずに「パチンコは男に貢ぐよりも恐ろしい」とつぶやく女性もいるという。

パチンコは、日本で稼ごう、自分の夢を果たそうとしてやってきた外国人たちも食い物にしている。

## 業界団体は警察の天下り指定席

「身を滅ぼすかもしれない」「男に貢ぐより恐ろしい」というつぶやきは、もちろん一部の在留外国人だけのものではない。軽い気持ちでパチンコホールに足を踏み入れたら、数カ月後には、生活の安全、安心を脅かされるようになったという人々が、この国にはたくさんいる。

もはや皮肉な現実としか言いようがないが、このパチンコ産業の監督官庁は、国民の安全を守る警察機関、つまり、国家公安委員会と警察庁であり、都道府県警察レベルでパチンコホールを所管しているのは生活安全課である。

単なる監督官庁というだけではない警察庁と業界の特殊な関係を象徴するのは、業界関連団体に見られる天下り指定席の多さである。下部組織の都道府県レベルのポストまで入れると相当の数に上る。

その代表的団体が1982年に設立された財団法人保安電子通信技術協会、略して「保通協」である。

この団体の活動趣旨は「電子情報通信技術を活用して、犯罪の防止や治安の維持に寄与する事業を推進するとともに国際相互理解の促進や技術協力に関する諸事業を推進して、広く国民全般の安心・安全な生活の維持向上に寄与することを目的として活動を進めています」とホームページにある。

一見、官公庁などを狙って頻発しているサイバー攻撃に対処できるような先端的な機関と見まがうが、事業の柱はパチンコ・パチスロなど遊技機の型式試験業務である。遊技機メーカーの製品は、この型式試験に合格しなければ市場に出すことはできない。検定料などによる事業収入は２０１０年度で年間21億円と同協会の大きな資金源になっている。

なにしろ、国家公安委員会唯一の指定試験機関であるから、パチンコメーカーの組合である日本遊技機工業組合（日工組）とともに、遠隔操作などパチンコ台不正への疑念をもつパチンコマニアの怒りの矛先になることは多い。

確かに、この「唯一の指定試験機関」が、普通の生活者を簡単に追い詰めてしまうような射幸性の高い機械を的確にマークして「待った」をかけ、文字通り、安全、安心の関門としての機能を果たしていたら、パチンコ被害は減っていたに違いない。「型式試験」などと言って、誰のための何をチェックしているのか。

例えば、以前、「爆裂機」だと騒がれて撤去されたパチスロ機「ミリオンゴッド」が、設定が変わっているものの、同じ名前で復活しているというのは、常識では考えられないことである。

同協会の現会長は元警視総監の吉野準氏、専務理事は元警察庁情報通信局長の都甲洋史氏で、5人の常勤役員のうち4人が元警察関係者であり、警察庁の格好の天下り団体となっている。

このような警察の天下り団体は多数あり、財団法人社会安全研究財団もその一つである。1987年に日工組が財団法人日工組調査研究財団として設立し、後に改称した。「青少年の非行問題、風俗環境の悪化の問題など市民生活の安全と平穏を確保する上で解決すべき諸問題を専門的、科学的に調査研究する」ことが設立趣旨で、「ゲーミング」、いわゆるギャンブルに関するテーマも含め「安全問題」に取り組んでいるという。

役員には、サンキョーなどパチンコメーカーのトップら、そして元警察大学校長、元警察庁刑事局長ら警察出身者が名を連ねている。唯一の常勤役員は専務理事で、元警察庁中部管区警察局長が務めている。

社団法人日本遊技関連事業協会（日遊協）は、ホール、遊技機メーカー、販売商社、周辺機器メーカー、景品卸などパチンコ・パチスロ産業界の横断的組織で、こちらの専務理事も元中部管区警察局長である。

こうした業界関連団体の多くが公益法人ということもあり、「社会貢献」には意識的ではあるが、多額の寄付や納税によって大臣表彰を受けている例も少なくない。業界がイメージアップに躍起であることがうかがえるが、ギャンブル関連団体が国から表彰されているのは、なんとも違和感を禁じ得ない。寄付や納税の源泉は、パチンコ被害を生み出しつつ年間20兆円を売り上げる巨大パチンコ市場である。

## 暴力団排除を背景に高まった警察の関与

警察とパチンコ業界の間に、緊張感のない、もたれ合った空気が定着しているとしたら、一般市民としては、なんとも不安である。

風営法第4条に「公安委員会は、当該営業に係る営業所に設置される遊技機が著しく客の射幸心をそそるおそれがあるものとして国家公安委員会規則で定める基準に該当するものであるときは、当該営業を許可しないことができる」とあるように、パチンコ店の営業許可をはじめ、すでに触れた遊技機の規制・認定、営業上の規制など業界全体の命運は公安委員会と警察の手中にある。

こうした業界に対する警察の監督・関与の大義になっているのは「暴力団排除」（暴排）で、これはいまや建前化しているという指摘もある。

筆者が入手した次の講演録からは、こうした暴排を軸にした警察関係者と業界のかかわりの実情がうかがえる。

講演とは、2011年6月、景品卸業者の任意団体である東京商業流通組合の研修会でのことで、講師は4年前に退職した元警視庁生活安全部長である。ちなみに同組合の専務理事も、ご多分にもれず警察OBで、講師依頼もその縁で行われたことが、講師の話から明らかになっている。以下、部分抜粋する。

私は平成元年、2年ころには、防犯課長をしておりました。今は生活安全課長と言うそうですけれども、ちょうど業界からの暴排が始まった時点でございます。（中略）

かってパチンコ業界と言いますと、30兆円産業と言われた時期があり、まして、多くのファンに支えられて、風営法、規制と共に守られながら、わが国の経済の中でも一定の役割を果たしてきたことは間違いないだろうと思います。

健全に営まれるならば、非常に人間生活に潤いを与える一つのレジャーとして国民に長い間定着したわけでありますが、しかし一方において、批判も常につきまとった業界でもあるということです。

当時はまさに脱税の問題ですとか、いわゆる暴力団、黒社会との関係、それから賭博性の問題、あるいは過度の熱中によるファンが犯罪に走るとか、あるいは、家庭崩壊というようなことは、折に触れ報道されたり、直接業界の方々、あるいはわれわれの耳にも達したところであります。そうした中で業界挙げて、そうした批判に対して謙虚に耳を傾けて、できる改善はしてきたというのが実態だろうと思います。

特に、一つはまさに暴排をやったということです。健全経営のいろはのいだと思います。

それから脱税の問題もプリペイドカード等の導入によって会計のクリーンさをアピールしたり、あるいは都遊協（東京都遊技業協同組合）の中には健全化センターが作られて、自主規制と共に健全な営業への取り組みが真剣に行われています。

また、社会貢献活動も団体としてあるいは個人として、それぞれの場において、やられているということは、大変喜ばしいことでありまして、そうした改善を通じて一歩一歩、国民の批判に謙虚に耳を傾け、そのニーズに応えているという業界の姿勢は大変結構でありますし、今後ともこれは維持して行かなければならないと思っております。

## 金地金景品方式は何を解決したか

元生活安全部長の講演はこの後、国際観光産業振興議員連盟（カジノ議連）による東日本大震災復興を目的とした宮城県でのカジノ開設の提案に触れた後、景品卸の業界関係者には最大の関心事である、3店方式の話に進む。

東京は金地金を景品とした「新流通システム」とも呼ばれる独特の3店方式をとっているが、話はその導入経緯に触れるもので、講師は当時、暴排に躍起になって取り組んでいたが、同システムの企画立案には無縁であった旨の弁明めいた話が披露される。
この後、なんと筆者の著書も登場する。

実は、最近出た本で、当然皆さんの中でお読みになった方はあると思いますが、若宮健という方ですが、『なぜ韓国は、パチンコを全廃できたのか』という本、これがもう5、6万部売れているそうです。読んでみましたが、納得できるところ、できないところと、私なりに付箋《ふせん》を貼っておりますが、この方の論議では「日本では、法律的に換金が違法なイカサマ賭博場がどんどんエスカレートしている。最近のパチンコは5万円の軍資金がなければ落ち着いて打てない状況になってきている。これを賭博と言わずして何を賭博というのか」「パチンコは現在風営法で遊技場として位置づけられ獲得賞球は日用品などに交換することになっている。しかし、金地金などの特殊景品に交換し、外部の景品交換所で現金化されていることが多い。現金化は、事実上の賭博に当たるものの、警察の裁量で黙認されているのが実情だ」という大変厳しい批判が書かれております。こういう批判は前からあったと思いますが、こういった批判には謙虚に耳を傾ける必要があるというのが私の考えであります。

パチンコ業界を取り締まる最高幹部であった人物に著書を引用してもらうのは、正直、悪い気はしない。しかも「謙虚に耳を傾ける」とある。

3店方式の現状が、いかに警察にとっても悩ましいかがこの警察OBの話からも伝わってくる。確かに「新流通システム」でパチンコ景品の周辺から暴力団排除は進んだかもしれない。しかし、遊技者を深みにはめていくギャンブル色は、金地金などの特殊景品によって強まりこそすれ、薄まることにはならない。

本当の「健全経営」とは、健全な商品、サービスを顧客に提供し、顧客を消費者として大事にすることではないのか。暴排の大義名分の裏で、もっと大事なことが置き忘れられているような気がしてならない。

## パチンコ業界のための国会議員応援団

日本の社会は、パチンコによって壊れてしまっている。人のことはどうでもいい、自分さえよければそれでいいという空気が広がっている。

依存症で苦しんでいる人たちに、監督官庁の警察庁は無関係を決め込み、厚生労働省も政治家も多少は関心を示しても、手を差し伸べようとしない。ほとんど無視である。それどころか、国会議員の一部には、パチンコ業界の旗振りに熱心な人物が少なくない。

菅前総理がパチンコ店経営者から献金を受け取っていたぐらいであるから、パチンコの被害が多発しても、民主党政権が何もしないで傍観しているのはうなずける。「最小不幸社会をつくる」と言い、「国民の生活が第一。」と叫びながら、与党議員たちにはパチンコ被害の深刻さがまるで見えていない。いや、見えていても巨大な市場と資金力を誇る業界の前に膝を屈し、すり寄っていると言ってもよい。国民の生命財産を守るという、基本的なことがなおざりにされている。

その構図を端的に示すのが、前著でも取り上げた一般社団法人パチンコ・チェーンストア協会の「政治分野アドバイザー」である。

パチンコ・チェーンストア協会は、2003年に発足したパチンコホールを中心に約80企業を会員とする団体で、チェーン化を進めるとともにパチンコ産業の前近代的な体質の刷新を図ることを標榜している。

設立目的の一つに「パチンコを大衆消費者の立場で合法化し、他産業と同等のビジネスとして社会的貢献を果たし、信用と地位の向上を果たす」とあるが、早い話が、換金の合法化、業界企業の株式上場を念願としているのである。

役員名簿を見る限り、業界団体の中では珍しく、警察の天下り色のない組織だが、それは風営法と警察の裁量行政に縛られた旧態から、新法のもとで経済産業省所管の新産業への脱皮を目指しているからである。

## 「政治分野アドバイザー」という名の国会議員たち

そこに貢献すべく名を連ねているのが「政治分野アドバイザー」である。

協会は各界からアドバイザーを迎えているが、経営や法律、調査研究関連の分野からは各1、2名であるのに対して、「政治分野アドバイザー」は48名（2011年12月1日時点）もいる。ホームページの名簿を眺めると異様にして壮観と言うしかない。

内訳は、民主党32名、自民党10名、公明党3名、国民新党1名、新党大地1名、無所

属1名で、与党民主党では、同党の娯楽産業健全育成研究会のメンバーが目立つ。

同研究会は１９９９年、サービス産業の振興を掲げて発足しているが、パチンコ業界の風営法適用範囲からの除外や換金行為の完全な合法化、カジノ合法化を提唱するギャンブル推進派の議員集団である。

同研究会名誉顧問は元総理の羽田孜《はたつとむ》、会長＝古賀一成《こがいっせい》、副会長＝山田正彦《やまだまさひこ》、前田武志《まえだたけし》、常任幹事＝古川元久《ふるかわもとひさ》、鈴木克昌《すずきかつまさ》、小川勝也《おがわかつや》、そして名誉会長＝石井一《いしいはじめ》、事務局長＝牧義《まきよし》夫《お》の各氏で、これらの議員がアドバイザー名簿に含まれる。

自民党は、同党の遊技業振興議員連盟や２０１０年に超党派で結成された国際観光産業振興議員連盟（カジノ議連）のメンバーが主力。後藤田正純《ごとうだまさずみ》、山本有二《やまもとゆうじ》、岩屋毅《いわやたけし》議員ら。無所属1名とは法務大臣などを歴任した鳩山邦夫《はとやまくにお》議員でやはりカジノ推進派である。

パチンコ・チェーンストア協会が、これだけ多くの国会議員を「政治分野アドバイザー」に迎え、勉強会やパネルディスカッションなどの講師を依頼して交流するのは、パチンコ産業振興のための法的整備を議員に託しているからである。見返りはパチンコ関係企業からの大量のパーティー券購入であろう。

実際、民主党の娯楽産業健全育成研究会の古賀会長は、2010年11月の同協会の「公開経営勉強会」で、業界の所管を経済産業省とする「新遊技法案」を披露している。このとき、自民党の岩屋毅カジノ議連事務局長は「特定複合観光施設区域整備法案」という、民間業者にギャンブルの許諾を与えるカジノ推進案をぶち上げている。

これらの動きは東日本大震災によって中断したが、そのあだ花のようにカジノ議連から提起されたのが「復興カジノ」だった。

## 山岡前国家公安委員長のパチンコ業界疑惑

2011年10月までパチンコ・チェーンストア協会の政治分野アドバイザーに名を連ねていた民主党議員に、第一次野田内閣の国家公安委員長にして消費者行政担当大臣の山岡賢次《やまおかけんじ》氏（2012年1月退任）がいる。パチンコ業界を取り締まる側のトップが、取り締まられる側の団体のアドバイザーを務めている、などということは呆れ果てたブラックジョークである。

もっとも山岡氏は、マルチ商法業者との浅からぬ関係を追及されて、とぼけ通した御仁であることは記憶に新しい。2011年12月9日、参議院で、野党は消費者行政担当大臣として不適切とする問責決議案を提出、可決された。しかし、辞任の意向はないというから厚顔無恥とはこのことである。

パチンコ・チェーンストア協会の政治分野アドバイザー名簿から名前が消えたのも自主的判断ではない。国会で追及されたからである。

2011年10月28日の参議院消費者特別委員会でのこと、共産党の大門実紀史《だいもんみきし》議員がパチンコ問題を取り上げて、質問した。

大門議員も質問の冒頭で語っているが、国会でパチンコ業界が取り上げられることは珍しい。マルチ商法疑惑追及よりある意味画期的なできごとなのである。

大門議員は、多重債務を抱える人の2、3割がギャンブルに原因があると見られ、パチンコ依存症患者も100万人から200万人に上ること、自殺や家庭崩壊、さまざまな犯罪も発生しているとパチンコ被害の実態を紹介し、「韓国では2006年に政治家の決断で全廃しているのに、日本は放置されたままになっている」と批判。

そして、「パチンコ業界はパチンコの合法化、換金の合法化、企業の株式上場を悲願としており、民主党を中心とした国会議員に対する議員工作を続けている。大量のパーティー券購入を通じて、与党にパチンコ業界からかなりの金が流れている」と語った上、パチンコ・チェーンストア協会の政治分野アドバイザーに国会議員が53名（２０１１年10月時点）も名を連ねており、その中に山岡賢次国家公安委員長（当時）が含まれていることを指摘した。以下は、出席している山岡氏本人への質問の模様である。

大門「大臣は、この政治分野アドバイザーが何をするのかご存じですか」
山岡「いつから（私はアドバイザーになっているの）ですか」
大門「それはこちらが聞きたいことです。10月20日現在の名簿に載っています」
山岡「それは本当に知りませんでしたけれども、そういう事実があるなら、誤解を受けないようにただちにそこも辞めさせていただきます」
（中略）
大門「パチンコ・チェーンストア協会に聞いたところ、『議員のみなさんにパチンコの合法化、換金の合法化、株式上場の力になっていただきたいので、それを支援いただくのが政治分野アドバイザーでございます』とのことでした。アドバイザー料を払うのはヤバいので払っていないということですが、関係者の話によると名簿に載ることで、業者からパーティー券を購入してもらいやすいメリットがあるとのことです」

山岡氏はマルチ商法業界との疑惑でも、当初「名前を貸しただけ」と実質的なかかわりを否定していたが、その後、業界のイベントへの参加などつながりの深さが指摘されるようになった。パチンコ業界について同様のことが疑われても当然である。言下に「知らない、辞める」と表明したものの、名簿掲載に至る経緯はどのようなものだったのか。

パチンコ・チェーンストア協会が勝手に、国家公安委員長の名前を掲載、利用していたということなら、それはそれで大問題である。

違法行為を取り締まる警察機関のトップたる国家公安委員長が、換金の合法化を推進する業界を支援するというのは矛盾の極みであり、気づかなかったで済む話ではない。

## 政治家たちのていたらく

実は、東日本大震災に見舞われた2011年3月11日の数日前に、筆者に大門実紀史議員からメールがあった。拙著を読んだので国会質問のため、パチンコ問題についてアドバイスしてほしいという要望である。

筆者は、正義のためならば、右も左も関係がないという主義なので、議員会館を訪れてお話をさせてもらった。

しかし、地震発生により政府も国会も混乱したため、ようやく10月になって質問が行われたようである。

大門議員の質問はすべて的を射ていたが、欲を言わせてもらうならば、依存症の問題の大きさをもっと強く訴え、追及してほしかった。これは、不完全な商品やサービスで被害を被った消費者問題でもあるのである。消費者行政担当大臣としても責任を感じてほしいぐらいである。

パチンコ・チェーンストア協会が悲願とするパチンコの換金合法化は、全国1万余りのパチンコ店がすべて賭博場になるということである。現在でさえ、遊びというより「懐を潤す」ことを目当てに来店している客たちが多い中で、現金勝負の誘惑を一層強くすれば、のめり込んで依存症になる客が増えることは目に見えている。このきわどい現状をパチンコ支援に走る議員たちはどれぐらい理解しているのか。

パチンコの換金の合法化はカジノの解禁とリンクしている。カジノを解禁すると、パチンコの換金も合法化しなくてはならなくなる。カジノが地域振興になり、観光を推進するとはしゃぐ議員は多いが、まずは、ギャンブル依存症という負の実態をよく知ってほしい。

パチンコマネーやカジノの夢が国会議員たちを骨抜きにするせいか、パチンコ問題をまともに取り上げる議員は本当に少ない。山岡議員の疑惑問題を見ても、マルチ商法業界はたたけても、パチンコ業界はたたけないのである。与党をはじめ政治家の頼りなさには情けなくなる。

思い返せば、発足時の野田内閣には、パチンコ・チェーンストア協会の政治分野アドバイザー名簿に掲載されたことのあるパチンコ議員が5名も入閣している。

文部科学大臣＝中川正春《なかがわまさはる》、農林水産大臣＝鹿野道彦《かのみちひこ》、国土交通大臣＝前田武志、国家公安委員長、消費者行政担当大臣＝山岡賢次、国家戦略・経済財政担当大臣＝古川元久。

筆者は、自分のブログで「パチンコ内閣」と名付けたが、パチンコ業界礼賛者が権力を握る恐ろしさを感じる。

中川正春議員は「パチンコ店の託児所こそが、少子化対策の突破口の可能性がある」と自らのホームページに記したことがある人物である。このような発言をした人が日本の教育行政のトップを担えるのか、驚くしかない。一体、パチンコ店に出向いたことがあるのだろうか。

地方議員と接する機会がたまにあるが、地域のパチンコ被害の問題を間近に見ていて、パチンコ店の進出に反対する議員は少なくない。それなのに国会議員は、一転して、パチンコ支援派か、口をつぐんだ黙認派ばかりなのは、どうしたことなのか。

20兆円産業から流れるパチンコマネーのせいとしか思えない。

マスコミにも広告費として巨額のパチンコマネーが流れ込んでいるので、そんな政治家のていたらくはたたけないのである。

## 貧しい医療対応

依存症で苦しむ読者が精神科医に相談に行ったら、ろくに相手にしてもらえなかったというエピソードは前章でも紹介した。

大阪の読者からのメールでは「関係がないから帰ってくれ」とかかわりを拒むような反応を示した医師もいたそうで、悩んで落ち込んだ人をますます落ち込ませている。

この医療の無策もまた、筆者の怒りの導火線に火を付ける。

依存症で苦しむ人は全国に400万人から500万人いると言われるのに、精神医学会では積極的な関心を示していない。

前章でも触れた依存症の相談機関リカバリーサポート・ネットワークのレポート（『精神科看護』2008年10月号）を見ると、「医療機関は対応レベルの差が大きいために、相談者に紹介は行っていない」とし、逆に「医療機関や精神保健福祉センターから電話番号を聞いたと相談されてくる方の対応には苦慮している」という。同ネットワークの対応も電話相談にとどまっている。

依存症に苦しむ人や家族は救いを求め、わらにもすがる思いで支援してくれる人を探すのに、満足な機関が質量ともにあまりにも少ない現実がある。

アメリカのラスベガスをはじめ、世界の主要なカジノでは依存症に関するカウンセリングの窓口や機関がある。スイスのカジノでは、カジノ従業員が観察して依存症と判断すれば、出入りを禁止し、カウンセリングを受けさせるというルールもあるという。

欧米では、ギャンブル依存症を病気として対応する体制がつくられているが、日本は依存症問題に対する社会的認知が低いだけに、医療の対応も遅れている。パチンコというカジノがあまりに日常化し過ぎているために、医療関係者には問題が見えにくいのかもしれない。しかし、パチンコというギャンブルを野放しにしながら、依存症への本格的な医療対応がないことがパチンコ被害をますます深刻なものにしているのである。

業界にとっては、依存症の人が減れば当然のことながら売り上げが落ちる。依存症気味のヘビーユーザーが一定程度はいてほしいというのが業界の本音である。ただ、依存症問題があまり表沙汰になれば業界イメージにかかわるから、イメージアップ程度に対策は打つにしても、本腰を入れて顧客を救済するつもりなどないのである。

そうした業界の体質によって、ライトユーザーは離れ、ヘビーユーザーは搾り取られた末につぶれている。債務に追われて、どこにも行き場を失った客が結局、ホールで雇われて、もらった給料をまたパチンコにつぎ込むという例も珍しくはない。それがパチンコ依存症なのである。

日本にも少数ながら、依存症の問題に正面から向き合って、真剣に治療に取り組んでいる精神科医はいる。しかし、少数の医師や医療機関の努力にすがっている現状から脱しなければ、依存症誘発システムは断ち切れない。

# 第4章 パチンコと闘う人々

## パチンコ店主から依存症者支援団体へ

「パチンコ被害に苦しむ人の力になりたい」。そういう志を持つ人と出会うことが、筆者には大きな喜びである。

一条高生《いちじょうこうせい》氏、47歳はそんな一人で、拙著を読んでメールをくれたのがきっかけで知り合った。後で触れるギャンブル依存症者の支援団体JAGOの顧問（運営アドバイザー）であり、個人的にも支援活動を行っている。

パチンコ問題と闘う人々の中で一条氏の存在は異色である。それは氏が最近までパチンコ店経営者であったからで、まさに180度の転身と言ってよい。

一条氏に初めて会ったのは2011年7月のことで、まもなく埼玉県でのパチンコ店経営から撤退するころだった。話しぶりには物事に真剣に取り組む、真面目な人柄がにじみ出ていた。

パチンコ業に携わったのはそれが家業であったからで、1984年に父の会社に入社して以来、四半世紀余り、この業界を内側から見てきた。

その間、常に思い続けてきたのは「自分は社会の役に立っているのだろうか」ということだったという。日々の仕事の中で、そうした疑問にとらわれていたところに完全撤退を促すきっかけとなったのが、石原慎太郎都知事の一連の「パチンコ不要発言」であった。

石原都知事は2011年4月の都知事選の選挙演説で、大震災による節電の重要性に関連してパチンコと自動販売機を批判。その後も、東京都の公式ウェブサイトの都民向けビデオメッセージで「一日中チンチンジャラジャラ大きな音楽をかけ、煌々とネオンサインを灯している。一つずつの機械も電力を食うわけですが、しかも、それで食っている人がいるという、こういう生活様式というものは、私たちは反省の対象とすべきなのではないでしょうか」と語るなど、業界批判を展開してきた。

演説中の最大使用電力量の間違いをパチンコ業界団体が指摘し、要請文を突きつける一幕もあったが、パチンコ批判に反発する都民が少なかったからこそ、石原氏は再選されたのだろう。

この石原発言が巻き起こした動きを見て、一条氏は「パチンコ業界は世間からこれほど嫌われていたのか」とあらためて実感し、大きなショックを受けた。

長年かかわってきた業界をいきなり全否定するわけにはいかないが、これまでの自分の体験やパチンコが抱えているさまざまな問題を振り返ると、業界が立ち行かなくなる日が遠からず来るのではないか、と思ったという。

## 辛そうな客を見たくない

一条氏は高校卒業後から父親のホール経営の会社を手伝い始め、40歳で常務になり経営陣の一人として仕事をしてきた。視野を広げる目的もあって、他社の店長も7年間経験している。

バブル崩壊前の20代のころには、ゴールドカードを持って遊び歩いたこともあるし、ラスベガスでカジノを楽しんだこともある。麻雀など他のギャンブルもやってみたが、心が満たされることはなかった。

やがて、単に家業を引き継ぐのではなく、地域のお客に喜んでもらえる自分独自のパチンコ店を立ち上げたいと一念発起。ゼロから準備して実現させたのが2010年12月開店のさいたま市のホールだった。

どんな業種でも、お客の立場に立った堅実な経営を心がければ、社会に役立っているというやりがいを持てるだろうと、心機一転、社長業に臨んだ。

それをまず物語るのが、わずか3000万円という設立資金である。1年前に撤退した店を見つけて交渉し、パチンコ台147台、スロット機59台は全台、中古をリニューアルして使うことにした。中古台でもセル板などを取り換えるので、見た目はほとんど新台と変わりがない。新たに購入したのはホールコンピューターと玉、コイン、店頭の大型LEDの操作用ソフトぐらいであった。

パチンコ店の新規開店には通常、数億円が必要であるから、一条氏の3000万円というのは希有な例である。それを可能にしたのは、地元業者などの協力が得られたからで、周囲には「中小のホールに頑張ってほしい」と思っている人が多いことを知った。

「パチンコ業界はもともと中小ホールが競いながら発展してきた業界です。その波及効果で関連企業も伸びてきました。中小ホールが減っていく現状に地元も危機感を抱いているということでしょう、多くの企業が力を貸してくれました」と一条氏は語る。

住まいも店の2階に移した。以前、一緒に働いた部下を店長に採用し、店長も2階に住まわせた。地域の住民と交流を深める意味もあった。

あえて制服も店員用の接客マニュアルもつくらなかった。街の大衆食堂には制服もマニュアルもない。それにならって型にこだわらない方針にしたという。オープン時には、社長自らお客に自分の名刺を配った。

お客本位の経営方針をよく示しているのは0・4円（40銭）パチンコを取り入れたことである。貸玉料が0・4円であれば、通常のパチンコの10分の1の負担で遊べることになる。お客が安心して楽しめる、文字通りの「地域のコミュニティースペース」を目指した。

筆者も営業中の店を訪れてみたが、確かにパチンコ店特有の殺気立った雰囲気がなく、大らかな空間は、かつての古き良き時代のパチンコ店を思い起こさせた。

なるべくイベントはしない方針を貫いたが、ゲームとして思い切り楽しんでもらおうと、月に1回パチンコを無料で楽しめる日を設けた。イベントのチラシを入れる場合も年金の受給日である偶数月15日の新聞折り込みは避けるようにした。

こうした経営方針は、以前のホールでよく目にした、お客の辛そうな姿をもう見たくない、という思いから来ていた。有り金をつぎ込み、もう後がないと辛そうな顔をしてスロットを打つ若者。受給日に年金を使い果たしてしまう高齢者。そうした姿を見ると自分のやっている仕事に自信が持てなくなっていった。

結局、その良心的な姿勢が一条氏を業界から去らせることになる。開店から7カ月後、常連客もつき、地味ながら軌道に乗っていた経営だったが、撤退を決意するのである。閉店前日、なじみの客から「寂しくなる」と言われ、涙が止まらなかった。

## ホールで見つめた矛盾と不正

今は業界の外からパチンコ被害を憂える一条氏だが、その思い出話からはパチンコ店が抱えるさまざまな問題が浮かび上がってくる。

一つは、近年明らかにヘビーユーザーが増えていることである。スロットは爆裂機が影を潜めてからヘビーユーザーが減り、お客全体も減っているが、逆にパチンコについては増えている。当然、依存症の問題は深刻化しているのである。

二つ目は、パチンコ台メーカーにホールが振り回されていることである。テレビコマーシャルなどで盛んに新型パチンコ台がPRされて、お客の注目を集めるようになり、新台が出るサイクルも早くなっている。ホールが客を呼ぶためには頻繁な新台入れ替えが必要になり、店の経費負担は重くなる。その分は結局、客にしわ寄せが行くことになり、店はヘビーユーザーを増やすことに躍起になる。ここにも依存症を増やす根がある。

ホールは新台を入れる負担に追われ、客は心ならずもそれを支えるべく金をつぎ込むというメーカー主導の構図がある。

「俺たちはメーカーのために汗水たらして働いているのか」というグチはホール経営者の間でよく聞かれるものだった。

1台30万〜40万円するパチンコ台を100台入れ替えれば数千万円の投資であり、早く回収しなくては経営が成り立たなくなる。中小の資金力の弱いパチンコ店が淘汰される背景には、こうしたメーカー主導が強まっていることがある。

一条氏は、その悪循環から逃れたいということもあって中古台を入れたが、中古を理由に部品を供給してくれないメーカーもあり、「文句があったら、新台を買え」とでも言いたげな態度だという。人気のある台と不人気の台を一緒に押しつける抱き合わせ販売もよくあり、メーカーの前ではホールは弱い立場である。

警察との関係もホールにとっては悩みの種である。

あるとき、一条氏の店で興奮した客がパチンコ台を壊れるほどたたいたり、ドル箱を投げたりして暴れたことがあった。警察に通報すると「そんなものが処理できないなら、パチンコ屋などやるな」と吐き捨てられ、助けを得られなかった。一条氏は開店時の挨拶が足りなかったせいなのか、と割り切れない思いにとらわれたという。

これは筆者の推測であるが、パチンコ店担当である生活安全課以外に通報が行った場合に、日ごろ業界から厚遇されている同課をやっかんで、他の部署は本来するべき対応をしない場合があるのではないかと思う。

というのも、生活安全課の担当者に対するパチンコ店経営者や組合の気の遣い方は一通りではない。業界関係者からさまざまなエピソードを聞くが、第2章でも触れた「チャンネル桜」の番組で元パチンコ店統括部長に話を聞いた際も、所轄の警察官に直接、現金を手渡したことがある、ということだった。

担当の警察官が店に顔を出せば必ずタバコをワンカートンは持たせた話、組合の忘年会には所轄の警察担当者を必ず招き、二次会、三次会で風俗店も含めた接待攻勢をする話、異動の際にはしっかりと餞別を包む話、顔見知りの警察関係者が遊びにくれば「出る台」を教える話、と、さまざまである。ホール経営者にとって警察とのつきあい方は店の命運にかかわる一大事なのである。

確かに、パチンコ店経営者の身になれば、警察ににらまれて不安な毎日を過ごすよりは、歓心を買って安心しておきたい、もっと言えば弱みを握っておきたいという気持ちも理解できなくはない。そんな日ごろの根回しをしておかないと、一条氏のように緊急のときに出動してもらえない、ということになるのかもしれない。

警察との関係で失態があると、ホールは苦境に追いやられる。どんな業界より警察の影響力が大きいのがパチンコ業界なのである。このことも一条氏に業界の限界を感じさせた一因だろう。

## 「人生の帳尻を合わせたい」

一条氏の店に、夫婦でよく来てくれていたお客が「いろいろとあってこの街を離れます」とわざわざ挨拶に来てくれたことがあった。それだけ地域には、店に好感をもってくれていた人が少なくないことを実感したものだった。

また、閉店後しばらく経って、お客の若者とばったり出会い、その後、励ましのメールが来たという。その文面を見ると、一条氏がどのようなホール経営者だったかが伝わってくる。

「社長さん、昨日は久しぶりに会いましたね。話しかけてくださってありがとうございました。昨日、社長さんと話していて思ったのですが、相当疲れているように感じました。社長さんはお客さんのことを第一に考えていたのでいろいろな疲れがたまっているのではないでしょうか。お店がこのまま復帰（復活）しないかもしれないと聞いたときは残念に思いましたが、それが社長さんのためになるのならば僕はいいと思います。ずっとお客さん第一に考えていたので、次は社長第一に考えていいと思います。社長さんは頑張りすぎていましたよ」

一条氏が約7カ月間取り組んだ独自のパチンコ店経営は、全国のパチンコ店の現状から見ればかなり異例だろう。それはパチンコをめぐるさまざまな固定観念や社会的な呪縛を打ち破ろうとする試みだったのかもしれない。

パチンコ業界には「2・8の法則」というものがある。利益の8割は客の2割を占める常連、つまりヘビーユーザーによって支えられているという意味である。そして、この2割が限りなく依存症に苦しむ人と重なっている。パチンコ店経営は、お客の健康やサイフの中身を気にしていたら成り立たないのである。一条氏は他の業種の経営者ならば立派な成功を収めていたかもしれない。

氏は今、「これからはパチンコ依存症の方々のお役に立ち、人生の帳尻を合わせたい」という志のもとに、依存症問題に取り組み始めている。現場をよく知る立場から困っている人の支えになろうとしているが、これほどの適任者はいないだろう。

依存症の相談相手を求める人のために、氏のメールアドレスを紹介してもよいということだったので、以下に記しておきたい。ichijo_kosei@yahoo.co.jp

## クレジット・サラ金問題対策協議会の取り組み

２０１０年12月に『なぜ韓国は、パチンコを全廃できたのか』を出版してから、全国各地の講演会や集会に講師として呼ばれることがめっきり増えた。

そうした場に出かける役得は、パチンコ問題に向き合うさまざまな分野の人々と交流できることで、直接、言葉を交わし、多くの人と思いを共有すると元気もわいてくる。

中でも大阪には３回呼ばれて話をさせてもらい、大阪の街にも人にもぐっと親しみを感じるようになった。それとともに強く印象づけられたのは、関西や九州を拠点に活動する弁護士や司法書士などの法律家、また多重債務問題の相談員として活動する人々が、パチンコ問題に強い危機感を募らせ、対策に向けて熱心に研究していることである。

大阪での集会は、そうした人々の団体「全国クレジット・サラ金問題対策協議会」(略称「クレ・サラ対協」、代表幹事弁護士＝木村達也氏）と、その関連団体である「依存症問題対策全国会議」の主催であった。

クレ・サラ対協は、消費者金融やクレジットカード、ヤミ金融などの多重債務被害の予防と救済に取り組む消費者運動団体で、弁護士などの法律関係者や全国各地にある相談支援団体「クレ・サラ被害者の会」などが参加している。

クレ・サラ被害とは、「サラ金三悪」と呼ばれる「高金利、過剰与信（本人の返済能力以上に貸し付ける）、過酷な取り立て」によるものだが、クレ・サラ対協は日弁連（日本弁護士連合会）などとともに貸金業を規制する法律の改正運動を行い、多重債務問題解決に成果を挙げてきた。

早い話が、高金利の取り立てに泣き寝入りしていたサラ金利用者にお金が戻ってきたり、逆に大手の消費者金融会社が多額の負債を抱えたりという近年の状況は、2006年に同団体の尽力によって、規制を強化した貸金業法が成立したからである。

このような弱きを助け、強きをくじく活動を推進してきた弁護士たちについてマスコミはもっと報道すべきである。派手な言動を続ける弁護士出身の自治体首長や国会議員を追いかけ回すより、よほど意義がある。

パチンコ問題と闘う筆者にとっては、消費者金融業界を様変わりさせたクレ・サラ対協がパチンコ問題を重要な標的として取り組みを本格化させていることが大きな励ましである。

## 連携進む依存症対策

クレ・サラ対協に招かれて初めて大阪に出かけたのは2011年1月15日が最初で、同団体の新年総会の講演としてパチンコ依存症について話をさせてもらった。日弁連会長の宇都宮健児《うつのみやけんじ》氏をはじめ、全国から弁護士、司法書士を中心に200人余りの人が出席していたが、パチンコ被害への関心の高さがうかがわれて頼もしく思った。弁護士の多くは多重債務問題の相談に乗る中で、原因であるギャンブル依存症の深刻さに直面し、さらにそのほとんどがパチンコ依存症である現実を重く受け止めて、対策の緊急性を感じているのである。

2度目の大阪行きは3月6日の「カジノ問題を考える市民集会―カジノに異議あり」の講演のためで、これは依存症問題対策全国会議の主催であった。当時の橋下徹《はしもととおる》大阪府知事がぶちあげているカジノ構想を危惧する人々約60人が参集し、ギャンブル依存症問題の深刻さについて医師、司法書士、依存症者が報告し、討論が行われた。

依存症問題対策全国会議は、2008年に事務局を熊本市に置いて設立された団体である。同会議の規約によると「多重債務の原因となるギャンブルをはじめとする依存問題への対策をとること」を目的にし、具体的な活動として「パチンコ業界が健全な娯楽産業に転換するよう求めること」「ギャンブル依存症を精神障害として認めるよう厚生労働省等に求めること」などを挙げている。

この団体の立ち上げに尽力したのは、１９９７年から熊本市内で多重債務の相談員として熱心に活動を続け、２０１１年４月にがんで急逝した故・吉田《よしだ》洋一《よういち》氏である。

吉田氏は「熊本クレ・サラ・日掛被害をなくす会」（２００７年からＮＰＯ法人熊本クレ・サラ被害をなくす会）で多重債務問題に対処する中でパチンコ依存症の重大さに着目し、解決に向けて、医療、法律、行政、福祉など各分野の関係者の横断的な連携の場を積極的につくっていった。幸い、熊本の赤木《あかぎ》健利《たけとし》氏や福岡の帚木《ははきぎ》蓬生《ほうせい》氏など、専門性のある精神科医の協力も得ることができ、交流の輪は広がっていったという。

クレ・サラ対協や「全国クレジット・サラ金被害者連絡協議会」の要職も務めた吉田氏の依存症問題への取り組みは、熊本から西日本全体へ、そして全国的な広がりを持つようになった。

## なくせ、パチンコ被害

吉田洋一代表亡き後の依存症問題対策全国会議は、兵庫県尼崎市に事務所を置く弁護士、吉田《よしだ》哲也《てつや》氏が事務局長となり運営をリードしている。

吉田事務局長は佐賀県出身の青年弁護士で、熊本県人吉市で弁護士活動をしていたころに同会議の勉強会に参加して刺激を受け会員になったという。

「『パチンコ被害者』とは、依存症患者とその家族など周囲の人々、依存症患者による犯罪の被害に遭った人々など、パチンコによって人生を狂わされた数百万人におよぶ人を指します。現状を変えていくためには、賭博性の本質である換金システムにメスを入れなければなりません。また、弁護士の間で、パチンコ問題は大規模な消費者問題ではないか、という議論が始まっています。つまり、一定の割合以上の顧客が健康被害を受ける産業は、規制されるのが当たり前だという発想です。こういう視点からの研究も重ねて、パチンコ被害撲滅運動の未来につなげていきたいと考えています。現在は定期的な活動がなかなか難しいのですが、講演会や集会の開催、行政職員向けの多重債務講座への講師派遣などを行っています。今後は小さくても機動的に全国で啓発活動を行っていきたい」と熱意を語っている。

最近の同会議のビッグイベントの一つが2011年7月31日、大阪で行われた「『なくせ、パチンコ被害』大阪市民集会」である。筆者も講演と討論に参加したが、同会議としてもパチンコ問題にテーマを絞った集会は初めてのことだという。会場には北海道から熊本まで全国から約70人が集まって、熱のこもった報告や討論が行われた。

弁護士など専門家による各地の取り組み紹介とともに、依存症者本人や家族からの体験報告もあった。本人が明かしたのは2000万円以上つぎ込んで自宅を売ることになったという話であった。

パチンコ依存症が原因で自宅を手放したという話は決して珍しくはない。15年もパチンコから離れられずに親から譲り受けた家を手放した話、家族3人でパチンコにのめり込み5年で破綻した話など、筆者もさまざまなケースを知っている。2000万円、3000万円がすぐ消えてしまい、家族を奈落の底に突き落とすのがパチンコの怖さなのである。

## 被害の根絶を求める宣言

大阪市民集会は最後に、参加者一同による「パチンコ被害の根絶を求める宣言」で幕を閉じた。吉田事務局長以下、会員の意気込みの表れた宣言を紹介しておきたい。

全国津々浦々に、万余のパチンコ・パチスロ店（以下、「パチンコ店」という）が林立している。パチンコ愛好者は1720万人に及ぶとされ、それらの客がパチンコ店の前で早朝から列をなす事も珍しくない。

一方で、パチンコに熱中するあまり、炎天下のなか車に放置した幼児を死なせてしまうという事件が、毎年のように繰り返されている。その親を非難することは簡単であるが、そうした異常行動の背後には、パチンコ依存症の問題が深く沈潜していると言うべきである。

借金を重ねながらパチンコを続ける人、パチンコをするために罪を犯す人たちが存在することは、日々の報道から明らかとなっている。

また、パチンコをするために売春が行われたり、パチンコ店内で自殺事件が発生したりしているとの噂も絶えない。

長年ギャンブル依存症の治療に携わってきた医師によれば、全国に100万人を優に超えるパチンコ依存症患者が存在しているとのことである。

顧客の約1割が病気になる産業が不健全であることは明らかである。とすれば、パチンコを止められない人たちの問題を、その人の個人的な問題と理解することは誤りであり、パチンコのシステムそのものに問題があると言うべきである。

すなわち、パチンコによって人生を狂わされた人たちの問題は、むしろパチンコ被害と捉えられるべきである。

パチンコは、3店方式というまやかしをまとっているものの、結局換金に至るシステムであり、その実態は賭博というほかはない。賭博は刑法で禁じられている犯罪であるにもかかわらず、これが全く摘発されていない現状の背景には、20兆円産業に巣くう政（政治家）官（警察）財（パチンコ業界）、そして、パチンコ業界からの広告費に深く依存し、批判的な記事を全く掲載しないマスコミの根深い「闇」

が存在する。

私たちは、パチンコ依存症に苦しむすべての人たちの回復に向けた道のりを強力に支援する。また、パチンコによる新たな被害が発生しないようにするために、20兆円産業の「闇」に果敢に切り込み、パチンコの賭博性の本質である換金行為の禁止を訴えていくことを宣言する。

２０１１年7月31日

「なくせ、パチンコ被害」大阪市民集会参加者一同

集会終了後、会場を出ると、小雨の降る中、筆者を待つ一人の男性の姿があった。名刺交換すると中学校の先生で、「子どもたちの将来のためにもパチンコ問題をなんとかしなければ」と真剣なまなざしで語ってくれた。

「こういう先生がもっと増えてほしい」と心を動かされながら、大阪を後にした。

依存症問題対策全国会議は、その後、２０１１年11月26日に愛媛県松山市の「全国クレサラ・ヤミ金被害者交流集会」の分科会として、韓国の国家ゲーミング産業統合監視

委員会の金聖二《キムソンイー》氏を招き、「韓国におけるギャンブル依存症の過去、現在、そして未来」と題した講演会を行っている。

西から、どんどん頼もしい風が吹いて来ているのである。

## 依存症体験者が設立したJAGO

2011年5月25日、東京・豊島公会堂で行われたのが「パチンコ違法化・大幅課税を求める議員と国民の会」である。

筆者はここにも講師として呼ばれ、荒川区議会議員の小坂英二《こさかえいじ》氏などをはじめ地方議員を中心に、パチンコ問題と闘う人々と交流の輪を広げることができた。

各地の県議会、市議会の議員には、地域に密着した活動をする中でパチンコ問題の大きさを実感する人が多いようである。しかし、国会議員は業界のパチンコマネーに目がくらむのか、ギャンブル推進を提唱する人物が少なくないのだから困ったものである。

この集会では、筆者と同じく講師として参加していたJAGOの代表、大崎大地《おおさきだいち》氏と親しく話ができたことも大きな収穫だった。

ＪＡＧＯは東京・江戸川区を本拠地とするＮＰＯ法人で、「ギャンブル依存症について考える克服支援機関」としてセミナーやカウンセリングなどの活動を行っている。代表の大崎氏は北海道出身の１９４４年生まれ。自身がギャンブル依存症に苦しんだ体験をもとに活動を始めて５年ほどになる。

以前は鉄工建築業の会社を経営していたが、業績が安定して余裕ができるとギャンブルにのめり込むようになったという。競馬や競輪の帰りには、必ずパチンコ店に入るのが習慣になり、たちまち借財を重ねて、自殺未遂に追い込まれた。

その苦い実体験を生かして、今は依存症者や家族たちの悩みに向き合っている。本人よりも家族からの相談が多いが、大崎氏自身が依存症体験者であることで、相談する側も心を開きやすいということがあるだろう。

大崎氏のもとには全国からさまざまな相談が寄せられているが、有名な老舗の酒造会社が創業家の家族の深刻なパチンコ依存症で廃業せざるをえなかった話、依存症に詳しい精神科医の診療を受けたにもかかわらず、「どうしようもない」と突き放され、絶望した家族が依存症者本人を殺すしかないという状況にまで追い詰められた話など、悲惨な例は数限りないという。大崎氏の方では依存症者を家族から離して身柄を預かる場合もあるという。

運営資金がきわめて厳しい中で、依存症者救済のために親身な取り組みを続けているJAGOの様子を聞くと、ますますパチンコ業界の「20年間で540兆円」という巨額マネーが腹立たしくなってくる。しかも、それだけの金が庶民の懐からパチンコ業界に流れ込んだというだけではなくて、自営業者の破綻や失業、また治療費などを考え合わせると、国にとっても地域にとっても大変な経済的損失が生じている。にもかかわらず、離島を含めて日本の津々浦々にあるパチンコ店は、今日も依存症者と苦しむ家族を生み出しているのである。

こんな状態を放置している国が果たして法治国家と言えるのだろうか。

新聞は、広告紙面や折り込みチラシの大スポンサーであるパチンコ業界を敵に回せないから、どこも本気でパチンコ被害の実情を報道しない。テレビも芸能界も利益が絡むので決してたたけないのがパチンコなのである。

その殺伐とした現状の中で、依存症に苦しむ人々をなんとか支え、受け入れているのがＪＡＧＯなど小さな草の根の団体である。

## ＧＡ——依存症者同士で語り合う

もし、家族や自分がパチンコ依存症に悩んだら、どこへ駆け込めばよいか。

アルコール依存症がそうであるように医療機関にかかることが必要だろうが、ギャンブル依存症について専門的知識を持った精神科医は全国にまだ少なく、従来は健康保険の対象になりにくかったこともネックになっている。

大崎氏が語った例のように、医師に突き放されて、もっと事態が深刻化したり、うつ病と診断されて治療が行われたものの、肝心のパチンコからなかなか脱却できないなど、医療頼みでは解決しないのが現実のようである。

そんな中で、大きな助けになると注目されているのが、ＧＡという自助グループである。

発祥はアメリカで、１９３０年代にアルコール依存症に対応して始まった活動が、ギャンブル依存症にも応用されて行われるようになり、今は世界各国に広がりを見せている。

GAは「ギャンブラーズ・アノニマス」の略で、「アノニマス」は「匿名の」という意味だが、その名の通り、本名を名乗らなくてもよい、自由なミーティングを活動内容としている。ミーティングは専門のカウンセラーなどが中心になるのではなく、依存症の当事者たちが自分の体験を話し、仲間の話を聞いて励まし合い、ともにギャンブルのない一日を送る、ということを目的としている。

日本には1989年に初のグループが誕生したが、現在は全国各地に約120のグループが活動している。会場など開催の詳細は、GA日本インフォメーションセンター（JIC）のホームページ（http://www.gajapan.jp/）を見れば確認できるが、事前予約も参加料も不要で、会員制度もない。教会が会場になる場合もあるが、宗教や政党、その他既存の組織・団体とは無縁の活動で、特定の医療機関や専門家とも提携しない、文字通りの自助グループ活動である。

このようなGAへの参加については、依存症に詳しい精神科医の間でも薦める声は多く、パチンコ依存症からの回復には「医療による治療と自助グループの両方が効果的」

という意見が有力である。

GAの活動の一端を示すものとして、ミーティングの冒頭で参加者たちが読み合わせるという「20の質問」を紹介したい。

次の質問のうち、7つ以上当てはまれば、「強迫性ギャンブラー」、つまり依存症の可能性がきわめて高い、としている。

・ギャンブルのために仕事や学業がおろそかになることがありましたか？
・ギャンブルのために家庭が不幸になることがありましたか？
・ギャンブルのために評判が悪くなることがありましたか？
・ギャンブルをした後で自責の念を感じることがありましたか？
・借金を払うためのお金を工面するためや、お金に困っている時に何とかしようとしてギャンブルすることがありましたか？
・ギャンブルのために意欲や能率が落ちることがありましたか？
・負けた後で、すぐにまたやって、負けを取り戻さなければという強い欲求を感じることがありましたか？

・勝った後で、すぐにまたやって、もっと勝ちたいという強い欲求を感じることがありましたか？

・一文無しになるまでギャンブルをすることがよくありましたか？

・ギャンブルの資金を作るために、借金をすることがありましたか？

・ギャンブルの資金を作るために、自分や家族のものを売ることがありましたか？

・正常な支払いのために、「ギャンブルの元手」を使うのを渋ることがありましたか？

・ギャンブルのために、家族の幸せをかえりみないようになることがありましたか？

・予定したよりも長くギャンブルをしてしまうことがありましたか？

・悩みやトラブルから逃げようとしてギャンブルをすることがありましたか？

・ギャンブルの資金を工面するために法律に触れることをしたとか、しようと考えることがありましたか？

・ギャンブルのために不眠になることがありましたか？
・口論や失望や欲求不満のためにギャンブルをしたいという衝動にかられたことがありましたか？
・良いことがあると2、3時間ギャンブルをして祝おうという欲求がおきることがありましたか？
・ギャンブルが原因で自殺しようと考えることがありましたか？

## ギャマノン——家族を支える自助グループ

一方、依存症者の家族や友人のための自助グループがGAM-ANON（ギャマノン）である。やはり、専門家の同席はなく、家族、友人という同じ立場の人々が集まって互いに悩みを語り合うミーティングを行っている。

1991年に最初のグループが誕生して以来、現在は100余りのグループが全国で活動しているという。匿名を重んじ、会費などの費用は不要、宗教、政党などと無縁であることなど、活動方針はGAとほぼ同じである。各地のグループの詳細やミーティングの開催状況は一般社団法人ギャマノン日本サービスオフィスのホームページ（http://www.gam-anon.jp）を見ればわかる。

筆者は大阪の集会でギャマノンの関係者に会ったが、依存症は本人よりむしろ家族の苦しみが大きいと思ってきただけに、その活動に強い共感を覚えた。

ギャマノンにも「20の質問」がある。6つ以上当てはまる人について、ギャマノンは手助けできるとしている。GAの「20の質問」と重なるような質問もあるが、家族の苦しみが伝わってくる問いかけである。

・あなたは借金の取立てにいつも悩まされていますか？
・問題の人は、しばしば説明もなく長時間、家を空けることがありますか？
・その人はギャンブルのために仕事の時間まで費やしますか？
・その人について、お金に関して信用できないと感じていますか？
・その人は、心からギャンブルをやめると約束し、もう1回だけチャンスを与えてくれと懇願したのにもかかわらず、何度もギャンブルをしていますか？

・その人は、自分で予定したより長くギャンブルをしたり、最後の1円がなくなるまでギャンブルをしますか？

・その人は、損失をカバーしようと、またはもっと勝とうと、すぐにギャンブルに戻ってしまいますか？

・その人は、金銭上の問題を解決するためにギャンブルをしていますか？　またはギャンブルが家族に物質的な快適さ豊かさを与えてくれるだろうという、非現実的な期待を持っていますか？

・その人は、ギャンブルをするためや、ギャンブルでできた借金を払うためにお金を借りていますか？

・その人の評判は、ギャンブルのために損なわれていますか？　ギャンブルのお金を作るために、違法行為までしていますか？

・あなたや家族の服や食べ物が買えなくなると思って、あなたは生活のために必要なお金を隠すようになっていますか？

・あなたはチャンスがあれば、その人の服や財布の中を探りますか？　さもなければばその人の行動をチェックしていますか？
・その人は自分のお金を隠すことがありますか？
・あなたはその人のギャンブルが進行するにつれて、その人の人格が変わるのに気づいていますか？
・その問題の人は、自分のギャンブルを否定したり、うそで包み隠したりしていますか？
・その人は、ギャンブルに対する責任をあなたに押し付けるために、あなたに罪の意識を持たせようとしますか？
・あなたはその人の気持ちを先読みし、その人の人生をコントロールしようとしていますか？
・その人はギャンブルのためにいつも憂うつになったり、後悔したり、さらに破滅を恐れるときさえありませんか？
・ギャンブルによって、家族がバラバラになってしまうと恐れたことがありますか？

・あなたは自分の人生も悪夢そのものだと感じていますか？

ギャンブル依存症者や家族に対する支援団体には、電話相談事業を行っている前述の「リカバリーサポート・ネットワーク」、回復のための受け入れ施設を持つ「ワンデーポート」（横浜市）、女性専用の回復支援施設「ヌジュミ」（同）などがあり、いずれもNPO法人である。

リカバリーサポート・ネットワークは全日本遊技事業協同組合連合会の支援で設立され、パチンコ業界14団体から成る「パチンコ・パチスロ産業21世紀会」が支援している団体であり、ワンデーポートもパチンコ業界から寄付を受けながら活動している。

パチンコ依存症に苦しむ人々を支援する機関は少ないから、多いに越したことはないが、そもそもパチンコ被害を生み出した業界からの支援は、世間のパチンコ批判に対する免罪符のようにも見えてしまう。

業界の収益がカジノ推進議員のパーティー券に回るよりはいいし、これまでのパチンコ被害に対して業界がまとまったかたちで責任を担う必要があると思うが、依存症誘発システムの根本が変わらなければ、パチンコで苦しむ人は決して減らない。

## 知らせたい賭博のリスク

前章でも触れたように、ギャンブル依存症に対する医療対応は遅れているが、講演先の集会などでは治療に取り組む精神科医と出会い、その熱意に打たれることもある。

赤木健利氏（熊本市・桜が丘病院）や岩崎正人《いわさきまさんど》氏（神奈川県藤沢市・岩崎メンタルクリニック）はそうした方々であるが、『ギャンブル依存症』（生活人新書）の著者である田《た》辺等《なべひとし》氏（北海道立精神保健福祉センター）や『やめられない ギャンブル地獄からの生還』（集英社）の帚木蓬生氏など代表的な専門医の存在はパチンコ問題に取り組む団体にとって大きな力になっている。

前述したように、筆者のもとに来る読者からの情報では、どうも医師の評判が良くない。思い切って病院に行ってみたら「鼻でせせら笑われた」というのは論外にしても、はかばかしい結果が得られないことが多いようである。

確かに、ギャンブル依存症については学問的に解明されていないことも多く、アルコール依存症などに詳しい精神科医でも治療の仕方に差があるようである。急激なパチンコ被害の拡大に、医療現場が追いついていないのが現状なのである。

ギャンブル依存症は、第2章で触れたようにWHOやアメリカの精神医学会が「病的賭博」として診断基準を設けている病気であるが、日本では長く個人の性格や意志、根性の問題だとされてきた。アルコールや薬物の依存症に比べて肉体的な変化も出にくく、周囲が知らない間に負債がかさみ、ある日首が回らなくなって発覚するというのが普通である。

家族はパニックになって、本人の借金返済に走り回ることになるが、病気の治療という面からは家族の「肩代わりは禁物」とされている。

家族が行う債務整理は問題の先送りでしかなく、本人が病気の深刻さを自覚するのを妨げるだけである。家族は名義変更するなど必要な手続を行って自分の財産を守り、本人とは借金の話をしない方がよい。そして本人を追いつめないようにしながら、まずは家族が専門の医療機関に相談することが重要だという。本人は自助グループへの参加や回復施設への入所など集団療法によって時間をかけて回復を図ることになる。

こうした依存症回復に向けた対処法は、専門医や支援団体の関係者からはよく耳にすることであるが、一般的にはほとんど知られていないだろう。

また、こんな面倒な依存症に巻き込まれないためには、何より予防が大切なはずだが、その対策などが講じられる気配はない。

パチンコ被害の実態と賭博のリスクの大きさを広く知らせていくことが有効な予防対策の一つだろうが、マスコミが弱腰であるために「大王製紙の御曹司事件」のようなことでも起こらない限りは、警世の機会に恵まれない。

パチンコ問題の本質と向き合うと、諸方の巨大権力を敵に回すことになり、無力感に襲われることが少なくない。これも日本人の選択だ、宿命だと、投げ出したくなることもある。

しかし、ここ数年の動きを見ると、少しずつだが状況は変わってきている。本章で描いた闘う人々の力は、まだ小さなものだが、着実に前に動き始めている。

# 第5章

# パチンコはマスコミ最大のタブーである

## なぜマスコミはパチンコの実態を伝え、批判しないのか

パチンコ被害やカジノ問題をテーマにした拙著は、普段ギャンブルとは無縁だというたくさんの人々に読んでもらえたようで、その反響の大きさに驚いている。依存症に悩んでいる読者からの手紙やメールも多いが、その一方で目立つのが、こうしたギャンブル経験のない読者による「日ごろ、感じていたことをよく言ってくれた」という賛同のお便りである。高齢の方も多く、中には直接、歓談する機会に恵まれることもある。

そんなときによく耳にするのは「パチンコ店の前に、朝から並んでいる若者たちを見ると、情けなく、腹立たしい。この国の将来はどうなるのか」というようなお話である。戦時中に明日をも知れぬ青春時代を過ごしたような世代にとって、当たる台にありつこうと朝から賭博場の前で列をなしている人々の姿が嘆かわしく見えるのは当然だろう。

これは単なる「パチンコ嫌い」というのではない。失業率の高いご時世とはいえ、若者やまだまだ働き盛りの中高年がハローワークや職業訓練所ではなく、パチンコ店に滞

留していて大丈夫か、と心配し、憤るのは自然な感覚である。

そんな世代の読者の一人で「生きているうちに、日本からパチンコがなくなってほしい」と語る都内の女性から講演依頼があった。聞けば、「経営する画廊を会場に、著作などから、これはと思う人を講師に呼んで話を聞く会を実施している」ということで、すでに60回ほど独自のミニ講演会を主催してきたという。80代という年齢をものともしないパワフルな女性である。

講演会当日、画廊の一角で30人ほどの参加者を前にパチンコとカジノの問題について熱弁を振るわせてもらったが、会場からも活発に意見や質問が出て、熱気ある2時間半になった。

特に話題が盛り上がったのはマスコミ批判である。

「なぜ、マスコミは誰が見ても賭博としか思えず、依存症の害をまき散らしているパチンコの実態を伝え、批判しないのか」と疑問を呈する人が多かった。

テレビの低俗さも槍玉に挙がった。パチンコ台のコマーシャルを垂れ流し、タレントが騒ぎまくるだけのオチャラケ番組のオンパレードで、最近はニュース番組までオチャラケになっている、と話すと、異口同音に共感の声が上がった。

「本当に情けないのはマスコミだ」という嘆息が画廊の中に広がっていた。

## 問題は「パチンコが好きか、嫌いか」ではない

大手広告会社の戦略にはめられているせいかどうかわからないが、この国のマスコミは伝えるべきことを伝えず、どうでもいい中途半端な記事や番組を氾濫させている。

パチンコ業界からの巨額の広告費は確かに魅力的だろうが、厚労省が2010年に発表した「ギャンブル依存症は国内に400万人以上」という推計は重く受け止めるべきだろう。ギャンブル依存症の7、8割がパチンコ依存症であることは精神科医や相談機関などではよく知られているが、一般の人々には十分に届いていない。ギャンブルと言えば、パチンコより競馬など公営ギャンブルを思い起こす人も多いだろう。

詐欺、強盗、殺人、放火など種々の事件・犯罪も、一皮剝けばパチンコ依存症が関係していることが珍しくないが、すぐ特定できないことも多いから、通常の報道ではわかりにくい。水面下に広がるパチンコ被害の大きさは、普段パチンコ店に出入りしない人

には伝わりにくいのである。

マスコミは、状況に応じて「パチンコ依存症」「パチンコ被害」という言葉をはっきり示して、関連する被害や病気のリスクの大きさをしっかり伝え、啓発の助けをしていくべきである。

パチンコが現状のような強い賭博性を帯びている限り、子どもたちにもアルコールや喫煙などと同様に、パチンコ・パチスロのリスクに関する保健教育が必要だろう。また、男性に比べて女性は短期間に依存症になりやすいということが専門医から指摘されており、女性の場合、成人であっても軽々しく近づいてはいけないものという認識が必要である。

「パチンコが好きか、嫌いか」という感情的な対立にとらわれるのではなく、パチンコによってこれまで何が起こってきたかを客観的に知らせ、そのリスクをいかに軽減、予防するか、パチンコ被害を広げないようにするか、その議論の場をつくるのがマスコミの「社会の木鐸《ぼくたく》」としての果たすべき役割であろう。

大マスコミであれば、なおさらである。

## 衝撃の朝日新聞パチンコ擁護記事

2011年6月7日、朝日新聞（朝刊）を開いて衝撃を受けた。なんと15面に5段抜きで、パチンコ業界団体の意見広告かと見まがう記事を載せている。

大見出しには「パチンコばかりバッシングするな」とある。「グレーな存在ゆえに多い誤解。被災地や地方では交流の拠点の店も」と見出しは続いている。

中央の大きな写真には、パチンコ店内で茶髪男性がハンドルに手をかけている姿が写っている。これだけ大きく、パチンコ店やパチンコ台がありありと一般紙に映し出されることは珍しい。

この体裁はどう見ても、パチンコ業界が欣喜雀躍《きんきじゃくやく》するパチンコ擁護紙面である。

そして、依存症者にはきわめて誘惑的な紙面であり、依存症に苦しむ家族や関係者にとっては限りなく残酷な紙面である。

「オピニオン」欄は各界識者のインタビューやコラムを掲載する紙面であるが、その中の連載企画「異議あり」は、さまざまな分野の異色の取り組みや少数派意見を紹介する企画であるらしい。

それ自体は結構なことだが、パチンコ被害の深刻さを考えれば、この大スペースの企画にパチンコを取り上げた朝日は、あまりに世間知らずで無防備と言うしかない。いや、物議を醸すことは承知の上で、石原東京都知事批判の一環として取り上げた可能性もある。

筆者の周囲には「これはパチンコ業界からの広告費が入っている」という声もある。記事とまぎらわしい広告紙面もあるから、そう見る向きも少なくないだろう。

一応、通常の紙面であるから、いわゆるヒモつきではないと思うが、なんとも品のない提灯記事である。パチンコ業界の好感度を上げておけば、その後の広告出稿や折り込みチラシなど営業上の収益アップにつながる、という計算が働いているのだろうかと勘ぐりたくなる。

周知の通り、新聞産業は部数の低迷、広告収入の減少、インターネットの隆盛などで縮小の一途をたどっている。電通によると、新聞に投じられる2010年の広告費は2005年の60%にまで減少しており、すでにインターネット広告費に追い抜かれている。ちなみに日本の新聞社の総売上高は2兆円を切り、パチンコ業界の10分の1である。

「貧すれば鈍する」という言葉がある通り、長年、大マスコミの名をほしいままにしてきた朝日も、どうせ部数は減るのだから、良識派の読者を失っても広告収入を増やそうと、なりふり構わなくなってきたのかと情けなくなった。

新聞記者は、犯罪や自殺など事件・事故を取材する中で、パチンコの問題が絡むものが少なくないことを、一般の人々より見聞きし、実感しているはずである。「全く書くな」とは言わないが、記事の体裁や取り上げ方について、もっと配慮できなかったのか。

これはどう見ても、石原都知事批判に乗じた、限りなく広告に近い「パチンコ応援」紙面である。

長文ではあるが、この朝日新聞の「異議あり」の記事の全文を紹介した上で、問題点を挙げたい。

［パチンコばかりバッシングするな　朝日新聞（朝刊）2011年6月7日付］

ひところの自粛ムードは収まったが、パチンコに対する風当たりは相変わらず強いようだ。「電気のムダ遣い」というバッシングに対し、業界は「輪番休業」などで夏の電力を25％以上減らす節電策を約束した。業界にとって煙たい存在だが、力強い応援団でもあるPOKKA吉田《よしだ》さんは、「批判はOK。でも正しく批判を」と釘を刺す。

――たたかれてますね。パチンコ業界。

「震災を機に批判が噴出しています。5月25日、東京・池袋でパチンコ反対集会が開かれ、大勢の人が批判の声を上げていました。1日には大手チェーン店の経営者が覚醒剤取締法違反容疑で逮捕され、バッシングが加速しています。しかし、感情的で根拠に乏しく、パチンコそのものとは無関係な批判も目立ちます。店も客もそんな批判は無視していいと思います」

――この夏、電力不足が懸念されています。パチンコの消費電力は大きいのでしょう。東京都の石原慎太郎知事も指摘していました。

「石原さんは当初、パチンコ店の消費電力が450万キロワットと発言しましたが、東京電力管内の4千店で推計約84万キロワット、夏の最大使用電力の1・4％です。

業界はさらなる節電計画を立て協力する姿勢を見せてます」

――石原さんは電力消費量が少ない深夜の営業を提唱していますね。

「風俗営業店の営業時間は日の出から夜半までと法律で決まってます。常に深夜営業するには法改正が必要です。そもそも夜中にパチンコ店が営業していることが、社会のために良いのか、彼は真剣に考えたんでしょうか」

――「韓国は国民を堕落させるとしてパチンコを全廃した」との発言もありました。

「これも間違いです。日本のパチンコ台の液晶演出が使われているが、お金を入れ、ただ図柄がそろうのを眺めているだけの『メダルチギ』というものです。しかも韓国政府が良心的な政策判断をして廃止したのではない。盧《ノ》武鉉《ムヒョン》・前大統領の親族がメダルチギをめぐる許認可にかかわったとされる疑獄事件が主な原因です。韓国がメダルチギを全廃したことと、パチンコと何の関係があるんですか」

「石原さんは、大震災に乗じて持論を展開しているようにしか見えない。批判は自由ですが、勉強をしたうえで正しい批判をすべきです」

――では、この批判はどうでしょう。パチンコの換金行為は、刑法が禁じる賭博そのものじゃないですか。

「確かに。換金行為は業界最大の傷です。店は出玉を景品に換え、景品交換所はこれを現金に換える。交換所は景品を卸問屋に売り、店は卸から景品を買う。パチンコ店は直接、換金に関与しない仕組みです。この『3店方式』と呼ばれる仕組みは50年前に大阪で生まれ、府警が黙認しました。以後、警察庁は『直ちに違法とは言えない』として府警の方針を全国的に容認してきました」

――そんなことがまかり通っていいのですか。

「3店方式はパチンコ店だけに認められています。他の業者が、この方式で換金すれば、すぐに摘発される。これがパチンコをグレーな存在としている一番の要因です」

――合法化しようという声はないのですか。

「政界や業界の一部でも声が上がっていますが、警察が絶対に同意しないでしょう。合法化は、いってみれば3店方式を違法だと認めるのと同じです。警察は50年間、違法状態を見逃してきたことになる。合法化など認めるはずがありません」

――北朝鮮への送金問題も指摘されています。

「世の中で言われるほど多くないと思います。近年の北朝鮮に対する世論はとても厳しく、これまで通り送金する環境にありません。本来、稼いだおカネを送金などしたくないのが人情ですから、世論を気にして送金をやめた店もある。ゼロとは言わないが、激減しているでしょう」

「いま、パチンコ店経営者の国籍は韓国が5割、日本が3割、中国・台湾と朝鮮籍が各1割とみています。統計があるわけじゃない。個人的感触です。日本国籍を取得した人もいて複雑です。パチンコ＝北朝鮮というのも正しい批判ではありません」

――パチンコはどこへ行くのでしょう。

「パチンコの年間売上高は20兆円。鉄鋼業と同規模の巨大産業です。30万人を雇用するレジャー産業が他にありますか。ただ、私は巨大だからつぶすなという論にはくみしません。依存症や青少年への悪影響などの弊害も考慮しないといけない。パチンコをなくすことで社会的な収支がプラスになると、国が考えるなら、つぶされても仕方ない」

——意外に冷たいですね。

「私製賭博場ともいえるパチンコ店が全国に１万２千店あり、批判を受けながらも１７００万人が楽しんでいる。むしろグレーな存在さえ許容する日本社会を象徴するものだと、好ましくみています」

——東北の被災地では、パチンコ店が盛況だそうです。

「地方では、地域社会における機能が都市部とは違います。娯楽の少ない地方では、地域コミュニティーの拠点になっている店も多いんです。営業を再開した店で、店員や客同士が無事を喜び合う光景もあったと聞きます」

「しかし、近年はギャンブル性の高い台が多く、多額の投資を伴う鉄火場になっている。これでは好ましい拠点とはいえません。手軽な娯楽を楽しむコミュニティー拠点となる努力が業界全体に求められます。そのうえで身を低くし、社会の許しを得ながら生きていけばいいのです」

［売り上げも店も減少］

パチンコ業界は現在、厳しい状況にある。90年代半ばに30兆円を超えた売上高、1万8千店あった店舗数ともに10年までに約3分の2に減った。遊技人口も97年の2300万人が09年は1700万人に減少している。

00年代以降、「爆裂機」が主流になったことが一因とみられている。爆裂機は、大当たり確率は低いが、当たりが連続するギャンブル性の高い機種で、大当たりを得るまでに数万円のカネをつぎ込むことが多い。手軽に遊びたいファンが離れたとみられている。07年以降は、通常1玉4円を1円で借りられる「低貸し玉」コーナーが普及し、遊技人口が増えたが、売上高は減っている。店舗数減の一方、一店当たりの設置台数は増え、店舗が大型化している。

［取材を終えて］

パチンコ、嫌いですか。賭博だから。北朝鮮のイメージ、客層が好きでない。うるさい。煙臭い。理由はどれかであり、いずれでもあるんでしょう。

でも、限りなく黒に近いグレーな嫌われ者を簡単になくせない巨大レジャー産業に育てたのも、私たちの社会なのです。これからのパチンコをさて、どう考えるか。POKKAさんの異議を「嫌い」だけでない議論のきっかけにしてください。

## 「ぱちんこジャーナリスト」氏への要望

この記事で識者として持論を展開するのは、写真の茶髪男性、POKKA吉田氏である。

パチンコ業界紙、遊技機メーカーシンクタンクを経てフリーライターになった人物で、パチンコ攻略本などを執筆する一方、業界向けの有料サイトを運営したり、業界セミナーなどの講師も務め、いわば業界コンサルタントとしても活動する。業界紙入社が1997年とのことであるから、パチンコ市場30兆円の最盛期が陰りを見せ始めたころから、ここ十数年の激しい業界の凋落ぶりを間近に見て、危機感を強くする一人でもあるのだろう。

その著書『パチンコがなくなる日』は主婦の友新書「なくなる日」シリーズの1冊として2011年2月に出版され、続いて8月に『石原慎太郎はなぜパチンコ業界を嫌うのか』が同社から出版された。いずれにおいても拙著『なぜ韓国は、パチンコを全廃できたのか』について、「ミリオンゴッドの検定取消し処分」に関する用語誤記や取消し時期の事実誤認などをはじめ、耳の痛い批判をいくつか展開している。

批判であっても、2010年12月に先行して出版された拙著に対する反響の一つである。承る点は承る。

だが、筆者があらためて主張しておきたいのは、筆者が同書に託したのは、あくまでも、この国を憂え、「パチンコ被害の問題をこのまま放置しておいていいのか」という問題提起である。そして、それに対して多くの読者が共鳴、賛同を示してくれた。

業界関係者やパチンコ愛好者に満足してもらえるパチンコ本としての専門性、正確さに欠けているとすれば、筆者の非力を恥じなければならないが、それを万全にしなければ、パチンコ被害を批判できないとすれば、多くの門外漢の国民は批判できない、ということになる。

筆者は単なる固定観念や「好き・嫌い」でパチンコを論じる気はない。根拠なき批判でもない。

朝日の記事の「取材を終えて」で、「パチンコ、嫌いですか」の問いかけに始まる記者の言い草は「感情や思い込みで判断している人が多いでしょ」と決めつけているかのようで、読者にははなはだ失礼である。

パチンコ批判を書くのは、繰り返して言うが、それにより精神的、経済的に苦しむ人が少なくないからで、被害が深刻だからである。

吉田氏がパチンコ業界を余すところなく、ジャーナリズム精神を発揮して世に伝えるということなら、ぜひ、パチンコ依存症、パチンコ被害について深掘りして発信してほしい。氏の著書で、こうした点について触れているのは、業界団体が支援しているNPO法人リカバリーサポート・ネットワークに関しての情報や代表者の知見の引用でしかない。しかも拙著に対する批判として、やはり業界擁護的に記述している。

朝日の記事の冒頭で、吉田氏は「業界にとって煙たい存在だが、力強い応援団」と紹介されている。であるなら、換金問題と表裏を成し、業界の命運にかかわる大きな「傷」であるパチンコ被害をこそ、吉田氏の最大のテーマとして健筆をふるうことを求めたい。

でなければ、氏が自著の略歴で掲げる「ぱちんこジャーナリスト」の名が廃るというものである。

## 石原都知事発言はグレーな存在のパチンコへの牽制

さて、朝日の記事そのものについて、筆者なりに論評を試みたい。

あらためてインタビューを読み通すと、新聞には珍しく、あいまいで歯切れの悪いインタビューであることを感じる。週刊誌の対談風を気取っているのだろうか、新聞記事としては中途半端な印象を免れない。

新聞は目下、購読者の伸び悩みをカバーする目的もあり、「NIE（ニュースペーパー・イン・エデュケーション）」と称する教育現場への紙面の活用を推進している。新聞が週刊誌と端的に異なるのはこの点で、専門家の寄稿などを除いて、中学生にも理解できる、授業で学習の対象にできる紙面を目指しているはずである。このパチンコ紙面はテーマもさることながら、煮え切らない、意図のつかみにくい文章という点でもNIEにおよそふさわしくない。

記事は、震災の節電対策に関連して「パチンコ・バッシング」の現状を嘆くかのような論調で始まる。

石原氏の発言だけではなく、記事掲載の2週間ほど前に開催された「パチンコ違法化・大幅課税を求める議員と国民の会」や、業界関係者の覚醒剤所持事件がバッシングを加速しているとするが、「感情的で根拠に乏しく、パチンコそのものとは無関係な批判も目立ちます。店も客もそんな批判は無視していいと思います」と断じている。

「パチンコそのものとは無関係な批判」「無視していい批判」とは、具体的にはどんな批判を指しているのか。無関係かどうか、無視していいかどうか、一方的に決めつけられても、具体的記述がないと読者には判断材料がない。これが石原都知事の発言内容だけを指しているかどうかも、文章の流れからは不明瞭である。

こんな言い捨て方が、ＰＯＫＫＡ吉田氏をして「パチンコ業界の御用達ライターか」と思わせてしまう一因である。まず、ここで、普通の感覚を持つ読者は違和感を持ったであろう。

記事は、石原知事の節電に関するパチンコ店批判の話題に移り、吉田氏は使用電力量の間違い、「深夜営業にすべき」という発言のいい加減さを指摘する。

この石原知事発言は、石原氏独特の主張優先のラフな物言いが災いしたもので、今回のパチンコ発言に限らないことは、都民も先刻承知だろう。

ただ、知事発言のワキの甘さのために、筋の通ったパチンコ批判まで、いい加減で感情的なものと誤解されてしまうことがあるとすれば残念でならない。それによって、今回の記事のように、結果的にパチンコ業界擁護論を浮上させることになったのである。

パチンコ業界が積極的に節電に取り組んでいるPRとして、この記事は威力を発揮しただろうが、節電に協力し、身を切る努力をしているのはパチンコ業界に限らない。レジャー産業は、いずれも肩身が狭かったり、一時、厳しい逆風にさらされたが、これは激甚災害の影響下で、都市の基礎的なインフラを守るためには仕方のないことだろう。

ただ、パチンコ業界は、この記事にもある通り、賭博性の強さなどで限りなく「グレーな存在」であり、グレーでない業界に比べて世間の風当たりが強くなる。

石原知事は、その世間の空気を代弁したということだろう。だから都民も知事続投を許したのである。

## 全廃された韓国メダルチギはパチンコである

石原知事発言で、記事中でもう一点、問題視されているのが、韓国のパチンコ全廃についてである。

「韓国がメダルチギを全廃したことと、パチンコと何の関係があるんですか」と吉田氏は発言している。しかし、筆者は韓国を4回訪問し、ソウル警視庁の幹部にも会い、ソウルに駐在する日本のマスコミ関係者らとも情報交換しながら取材をしてきた。

韓国の「メダルチギ」は日本のパチンコと同じものではないが、日本のパチンコ台をベースにアイディアと技術を活用した遊技機である。また商品券を賞品とした強い賭博性を持つこと、それによって多くの依存症者を生みだしたことなど、その大衆ギャンブルとしての実態は、きわめて日本のパチンコと類似している。

何より、世界の主要なカジノが、そのリスクを前提に一定の規制がかけられているのに対し、まさに「私設賭博場」として国内津々浦々に1万5000店以上の広がりを見せ、犯罪、自殺などの問題を深刻化させたという社会現象を見ても、日本のパチンコと無縁だと見なす方が不自然で、難しい。

実際、韓国で「メダルチギ」を指すのに、日本語の「パチンコ」で通じるし、遊技機「パタイヤギ」は「海物語」の意で、日本のパチンコ台「海物語」を改造したものである。

韓国では、玉を弾く日本のパチンコ台がそのままでは許可されず、1万ウォンを入れるとメダルが出てきて、それが落ちると液晶画面のリーチがかかり、当たれば玉の代わりに商品券が出てくるように改造したのであった。

この韓国のメダルチギ事情や全廃に至る経過については、前著『なぜ韓国は、パチンコを全廃できたのか』に詳述したから、それを参照してもらいたいが、反論する吉田氏は、一体、韓国に行って取材したことがあるのだろうか。

少しでも現地の状況を知っていれば、「何の関係があるんですか」と居直ることはできないはずである。

また、吉田氏はメダルチギが政府によって全廃されたことについて、「パタイヤギ事件」という当時の盧武鉉大統領の甥が関係する疑獄事件がその主因であると言っているが、政治的混乱だけでなく、もともと犯罪の多発などメダルチギは深刻な社会問題として国民の大きな不安を集めていたのである。

それは2006年の全廃決定の際に、当時の韓明淑《ハンミョンスク》首相が国民に対する談話として発言した「射幸性の高いゲーム機が全国に拡大し、庶民の生活と経済に深刻な被害をもたらした。深くお詫びする」という言葉にも表れている。

## 朝鮮日報の良識

日本のパチンコ業界にとって、こうした韓国のメダルチギ全廃のニュースは、あまりありがたくない情報である。どう考えてもメダルチギとパチンコとの類似性は否定できないから、なるべく知られない方がいい。

日本の大マスコミは、もともと社会正義に疎いのか、微妙な問題を扱って広告費を失いたくないのか、報じることはなかった。

韓国のメディアはどう報じ、どう論評したのか。

韓国警察庁がメダルチギ全面禁止に踏み切る直前の、2006年8月23日の朝鮮日報の社説を紹介したい。

［全国に賭博場を乱立させながら反省のない盧武鉉政権　朝鮮日報日本語版　２０
０6年8月23日付］

盧武鉉大統領は「海物語」疑惑と関連し、20日ヨルリン・ウリ党幹部らに「私の甥は無関係だ。実務政策上の失敗に過ぎないことが明らかになれば、利権疑惑のないことが確認される」と語った。

翌日の閣僚会議では「当分は疑惑に悩まされるかもしれないが、真実が明らかになれば、むしろ参与政府（盧武鉉政権を指す）が清廉であることの証明になるので、自信を持って対処してくれ」と要請した。

国民は国が賭博に染まっていることを心配しているのに、大統領は自分の甥が関与していたかどうか、これが利権疑惑なのかどうか、といった問題にしか関心がないようだ。安保体制の問題に続き、賭博問題も、真に憂えているのは国民だけだ。

韓国には今、全国にコンビニエンスストアの数よりも多い1万5０００軒の賭博場が住宅地や学校の前、挙句の果てには子どもたちの自習室の前まで侵食し、夜通し営業を続けている。人口1万人に過ぎない鬱陵島《ウルルン》にも賭博ゲームセンターは4軒もあり、繁盛している。国中をギャンブル場だらけにしておきながら、「私の甥は…」とか、「利権疑惑は…」と繰り返すだけの大統領の対応には首をかしげてしまう。

前政権は国内利用者用のカジノ（江原ランド）を許可し、世論の総スカンを食らったが、当時射幸性ギャンブル産業が占める割合はレジャー市場全体の27・8％程度（2000年）だった。現政権に入り、その割合はたった4年で51・3％（2004年）と2倍に膨れ上がった。そして、賭博場で現金の代わりに流通する商品券の乱発を許し、成人賭博ゲーム産業の規模を1年で5000億ウォン（約608億円）から30兆ウォン（約3兆6500億円）に膨らませた。

ギャンブル産業は庶民の糧を餌に成長している。日雇いの労働者、その日暮らしの自営業者、世間知らずの主婦、無力な老人といった社会の弱者が政府のギャンブル産業育成策のカモになった。ギャンブル中毒で財産を失ったり、家庭を崩壊させたり、人生に失敗した人は数多い。今月13日には、釜山で成人ゲームセンターに入り浸って、1億ウォンの借金を作った30代の男性が首をつって自殺した。

ゲーム中毒になって会社を解雇されたサラリーマン、学費を使い込んで両親のクレジットカードを盗み、数千万ウォンを失った大学生、一家の生計手段である個人タクシーを消費者金融に差し押さえられた運転手など、政府のギャンブル産業育成策に巻き込まれ、身上をつぶした人たちの人生は悲惨だ。

統計によると、ゲームセンター利用者の42・7%が、月200万ウォン以下の低所得者層だ。現政権は、人生に疲れた無力な庶民に働き口や働きがい、貯蓄の喜びを提供する代わりに、ギャンブルという麻薬を与えた。

賭博は常に財産や人生を台無しにする大多数と、その多数の犠牲により利益を得る少数の人たちとの関係で成り立っている。そして、ギャンブル産業育成政策もやはり、賭博場の経営者や、営業許可を出して後見人を買って出た権力、商品券業者ら数千人の利益のために、数百万人を泣かせる行為だ。

大統領は、こうして身を持ち崩していく国や人々を前にしても「実務政策上の失敗に過ぎない」と主張するのか。

この朝鮮日報の社説には弱者を思いやる「社会の木鐸」としての誠意が感じられる。石原都知事批判の展開のためか、それともパチンコ業界の広告費を呼び込みたいからか、あるいはその両方かはわからないが、弱者をさらに窮地に追い込むようなことをしている朝日には失望するしかない。ますます良識派の読者を失うだろう。

## なぜ吉田氏は朝日新聞に「換金行為をなくすべき」と言わなかったのか

インタビューの話題は、パチンコの換金問題に移る。

「パチンコの換金行為は賭博そのものではないか」との問いかけに、吉田氏は3店方式を説明し、警察がなし崩しに許諾し定着したと説明する。

そして、換金の合法化について「警察が絶対に同意しないでしょう。合法化は、いってみれば3店方式を違法だと認めるのと同じです。警察は50年間、違法状態を見逃してきたことになる。合法化など認めるはずがありません」と言うのだが、これにはギョッとさせられる。

換金の合法化は、賭博としてパチンコを合法化することであるから、とんでもないことだと思うが、この警察重視の姿勢に違和感を持つ読者は少なくないのではないか。

警察に生殺与奪の権を握られた業界関係のセミナーでの発言ならまだしも、仮にも「社会の公器」である大新聞の紙上である。日本は警察国家ではない。民主国家であり法治国家であるから、立法府で法律の改正が行われれば、警察はそれに従うしかないのである。

パチンコ業界自体が、現状の換金行為に違法性を認識しているというのに、警察が長年放置し続け、天下りの利権もあって身動きがとれなくなったというのが実情である。「賭博問題」をごまかし、積み残したままできたことは、次の世代の子どもたちにも恥ずかしい話で、「グレーだ」などという言葉で、いつまでも言い訳するわけにはいかない。

実は、吉田氏は、この記事の3カ月後に刊行された著書の中で、換金問題についての持論を披露している。

それは「賞品の限度額の撤廃とセットで、換金行為をなくすべき」というもので、これによって、パチンコが「大衆娯楽の原点に戻ることが可能」だとしている。賞品が限りなく高級化すれば、それはそれでヤミの換金ビジネスが横行しそうだが、業界が待望する換金の合法化とは明らかに異なる方向である。

吉田氏は、この「換金行為をなくすべき」という持論をどうして朝日紙面で持ち出さなかったのだろうか。

これによって、パチンコ業界を根本的に体質改善し、ハマりこむ客を減らして市場を再編できるなら、パチンコ被害減少にも効果的だろう。引っ込めてしまったのは、あまりに現実味がないせいか、それとも業界に気を遣ったからなのか、残念である。

パチンコ店経営者の国籍については「韓国が5割、日本が3割、中国・台湾と朝鮮籍が各1割とみています。統計があるわけじゃない。個人的感触です」と答えている。

これは社会のパチンコ観にかかわるデリケートな問題でもあり、「個人的感触」と言われても困るのである。

統計はなくても、いくらか推測の根拠となる客観的なデータなり情報を示してもらわないと不透明な印象がぬぐえない。業界団体の協力が得られれば、ある程度は客観的につかめるだろうし、朝日もこの機会にリサーチしようということにならなかったのだろうか。

週刊誌ではないのだから、インタビューとはいえ、主観だと開き直らず、客観性を大事にしてほしい。

## 一般国民がパチンコを許容しているわけではない

記事の後段で「パチンコの行く末」が尋ねられる。

吉田氏は「年間20兆円の売上高、30万人の雇用」を挙げて、「こんなレジャー産業がありますか」と産業規模を肯定的に強調しながら、「私は巨大だからつぶすなという論にはくみしません」と語る。

「くみしないなら強調するな」と言いたくなるくだりだが、デフレ不況下で、この業界が何より社会に存在価値をアピールしたいのが「雇用30万人」だろう。

パチンコがなくなったら、こんな雇用をどこがカバーするのか、ということを言う人もいる。かつて小泉改革による公共事業大幅削減で、全国の建設業者について100万人規模で雇用が心配されたことがあったが、痛みは伴いながら、異分野に活路を見出したり、吸収されたりしていったのである。

職業訓練などで雇用を良い方向に誘導、支援する必要はあるだろうが、賭博罪に抵触するような産業を次の世代に継承させるより、前章で紹介した一条高生氏のように、早いうちに方向転換を図った方が賢明である。

吉田氏は「パチンコをなくすことで社会的な収支がプラスになると、国が考えるなら、つぶされても仕方ない」と言っている。

しかし、「国が考えるなら」というより、「国民が考えるなら」ということだろう。前述のように、厚労省はパチンコを主としたギャンブル依存症の深刻さに最近になって気づき、客観データを集め始めたようだが、その第1弾である2009年の研究調査から「ギャンブル依存症は400万人以上」との推計を公表した。従来の精神科医らの推測に比べると、被害はもっと甚大であることが明らかになったのである。

もはや「グレーな存在さえ許容する日本社会を象徴するものだと、好ましくみています」などと、大人の寛容を気取られても見当違いである。

まるで日本社会がパチンコ賭博を許容しているような発言だが、許容しているのは、パチンコ業界にぶら下がっている国会議員や警察、マスコミであって、一般国民が許容しているわけではない。多くは換金行為がまかり通っていることに疑問を感じながら、黙っているだけである。マスコミと違い、普通の国民の発信力は限られている。だから筆者がこうして代弁しているのである。

「グレーな存在」が好みなら、パチンコとは違う世界で楽しんでほしい。

## 「被災地のパチンコ店はコミュニティーの拠点」にはならない

大詰めで、被災地でのパチンコ店の盛況の話題が出てくる。これは、聞き手の問いかけ方も含めて非常に楽観的な見立てである。楽しんでパチンコをする人もいるから良いのではないか、ということらしいが、パチンコ店の客の多くは「お金儲け」が目的であろう。娯楽ではなく、賭博性があるからこそ出向いている。少ない持ち金でも増えるかもしれないから、来店するのである。

「娯楽の少ない地方では、地域コミュニティーの拠点になっている店も多いんです。営業を再開した店で、店員や客同士が無事を喜び合う光景もあったと聞きます」と吉田氏は語る。そういう美談が全くないとは言わないが、パチンコ台に向かう客の多くは、人間関係の煩わしさを忘れたい、悲しい体験を忘れたい、と思っている。そういう意味で気分転換を求めてはいるもののコミュニティーを求めることはない。だいたいカラオケなどと違って、パチンコは人と連携することのない単独の勝負なのである。

パチンコ店が地域コミュニティーであれば、依存症になっても仲間や店が救済してくれるだろうと期待したいところだが、そんなことはあり得ない。残念ながら、大半の客は持ち金を気にしながら辛い表情で打つのである。8月に被災地に出向いたときもそれは感じたことだった。

だから、美談を誇張した現実味に欠けるパチンコ擁護はやめてほしい。朝日もパチンコ店は被災者を励ましていると素朴に感激したのかもしれないが、そうではない現実も伝えなければ、パチンコ被害の傷口を大きくしてしまう。

被災地では身内や家財、仕事を失った人について心のケアが重要とされている。アルコール頼みになってしまう被災者も少なくないと聞く。当然、パチンコ依存症のリスクも高いと思わなければならない。そういうときにパチンコ店を「地域コミュニティー」とか、「地域の交流拠点」と美辞麗句で飾るのは、あまりに無責任で残酷である。

吉田氏はバランスをとるべく、その後の発言で「しかし、近年はギャンブル性の高い台が多く、多額の投資を伴う鉄火場になっている」「手軽な娯楽を楽しむコミュニティ拠点となる努力が業界全体に求められます」としているが、被災地のパチンコ店を礼賛した後では、なんとも、取ってつけたようなご都合主義的な発言に聞こえてしまう。

極めつきは、パチンコ店は「身を低くし、社会の許しを得ながら生きていけばいいのです」という締めの言葉である。

これは具体的にどういうことを指しているのか。業界にどうすれば良いと言っているのか、言語明瞭だが、意味不明である。業界関係者にとっても卑屈を強いられるようで、愉快な表現ではないだろう。その子どもたちが読んで真に受ければ傷つくかもしれない。

そもそも国民みな平等を旨とする民主国家である日本では、「身を低くし、社会の許しを得ながら生きていけばいい」ような産業も、そういう個人もつくってはならないのである。

一体、何を考えているのか。

## 朝日よ、パチンコを「正しく批判」せよ

以上のように、朝日新聞の記事に沿って、筆者の思いを書いてきたが、本来、ＰＯＫＡ吉田氏を責めるのは適当ではないかもしれない。

彼は多少の苦言を呈しながらも基本的にはパチンコ業界応援団である。「ぱちんこジャーナリスト」なのであるから、パチンコがなくなっては商売が成り立たない。

責任の大きさを問われなければならないのは、そうした彼を大きな紙面を占める連載企画に登場させた朝日新聞である。

そして、紙面の最も大きな問題点は、やはり依存症をはじめとするパチンコ被害にはほとんど触れていないことである。

業界に関する解説文でも「売り上げも店も減少」の見出しで業界の苦境を伝えるものの、パチンコの負の側面には全く触れていない。それで、「パチンコ、嫌いですか」も

ないものである。サブ見出しにある「正しく批判を」の文字を、そのままそっくり朝日に逆提言したい。

「パチンコばかりバッシングするな」の見出しの躍る派手な紙面は、「朝日に『パチンコは悪くない』と書いてある」とヘビーユーザーを勢いづかせ、回復のために「今日一日やらずに我慢しよう」と思ってきた依存症者たちの決意を折ってしまっただろう。

「賭博は常に財産や人生を台無しにする大多数と、その多数の犠牲により利益を得る少数の人たちとの関係で成り立っている」といさめた朝鮮日報とは雲泥の差がある。

「この紙面は社説ではなく、エンターテインメントです」と開き直られても、読者はそれほど器用に読み分けはできない。

記事からは伝わってこない吉田氏の依存症に対する考え方を、その著書で探ってみると、どうやら「パチンコだけの責任ではない、自己責任でしょう」というスタンスらしい。

吉田氏の著書には「パチンコののめりこみは二次的障害が多い」という見出しで、もっぱらリカバリーサポート・ネットワークの代表者のコメントが紹介されている。どこまでもパチンコ業界に擁護的なのである。

だから、実際にパチンコに出会って依存症になってしまった当事者、家族、また、パチンコ被害に巻き込まれた人々には何の慰めにも救いにもならない。

## 日本には、パチンコの現実に向き合う真っ当な報道はないのか

社会の木鐸としての役目を放棄しているかのような朝日の紙面を見ると、この国は銭がすべての国になってしまったのか、と落胆せざるを得ない。

マスコミが社会正義や客観報道より金儲けを優先したとき、つまり、パチンコ批判をタブーとしたとき、ジャーナリズムは死んでしまう。

ロシアに「ノーバヤガゼータ」（新しい新聞）という新聞がある。公称27万部、社員126人ほどの小さな新聞社で、大手新聞社の記者50人余りが退社して、1993年に立ち上げたメディアである。不偏不党、中立公正で、プーチンの言論統制の中で、命をかけて鋭い政権批判を行ってきた。この新聞にタブーはないのだが、その代償として記者や顧問弁護士4人が次々に不審死を遂げるなど想像を絶する犠牲を払ってきた。閉鎖

も検討したというが、記者たちは強く反対し、現在も経営は続いている。経営が厳しさを増す中で、記者たちは命がけで報道の自由を守ろうとしている。

そんな異国のジャーナリズムの状況を見聞するにつけ、日本の大マスコミの広告費頼みの生き残り戦略には絶望するしかない。不況が深刻化するにつれ、ますます強きを助け、弱きをくじいている。この現実をしっかり直視しておかないと、国民は将来を見誤ることになる。

一体、パチンコに関する報道規制はどこから出ているのか、筆者は知りたくてならない。

先進国の中で、マスコミが「私製賭博」を批判することがタブーとなっている国はないだろう。

日本の新聞がパチンコ批判をタブーにしていることで、パチンコの実態は世界にあまり知られず、国際的なジャーナリズムの批判にも、あまりさらされてこなかったのではないだろうか。

そのこともあって、国民はパチンコ問題を広い視野でとらえ直す機会を長く逸してきたと言っていい。だから、カジノ誘致のリスクも一般には理解されにくいのである。

パチンコ店は日本国中の街角にある身近なものなのに、それが日本社会に何をもたらしてきたか、多くの日本人は知らずにきた。

「20年間で540兆円がパチンコに消えた」という過去を踏まえて、今こそ、パチンコの現実を、さまざまな点から問い直すべきときである。

# おわりに

本書で、筆者が送り出すパチンコ批判の書は4冊目となる。

筆者が、パチンコ問題にこだわる理由は2つある。

一つは、友人の自殺である。本文中にも書いたが、パチンコ依存症に追い込まれ、借金問題から自宅で自殺してしまった。だから、筆者にとってパチンコ批判は友人の弔い合戦の意味がある。

もう一つの理由は、筆者自身、過去に事業から撤退した経験を持っていることである。自分が興した事業を撤退するということは、少なからず社会に迷惑をかけたことになる。だから、パチンコの問題を追及して、社会に役立ちたいという思いは強い。

繰り返し書いてきたように、この国を劣化させているのがパチンコの存在である。

筆者は、パチンコ業界に携わったこともなく、その内部事情に通じているわけではないが、パチンコが社会にもたらす負の部分、つまり、人の人生をいとも簡単に壊していく実態をまざまざと見てきた。それに憤り、書き続けてきたのである。

絵画や読書を趣味にしていることもあり、日本人の文化水準の向上がパチンコによって阻害されているのではないか、という危惧も持っている。

パチンコに、年間約20兆円も浪費しながら、本の売り上げが2兆円を割り込んでいるのが、この国の実態なのである。本の売り上げが違法な賭博で消えていく金の10分の1の金額というのでは、まともな国家とは言えないのではないだろうか。

「日本の財政破綻が近い」と言われるようになった。

「失われた20年」は、パチンコにも原因があったと筆者は信じている。失われた年月と活力を取り戻すためには、パチンコ問題に正面から向き合うことが不可欠である。

そして、この賭博が日常化した日本の真の姿を、諸外国にもっと知ってもらうべきだろう。日本は、自《おの》ずからは変われる国ではないからである。

日本人は、もう目を覚まさなくてはいけない。「時すでに遅し」という思いが強いが、ここで何とかして正気を取り戻さなければならない。

パチンコ問題を解決するにはパチンコを全廃するしかない。国民は真剣に立ち向かっていく必要がある。

２０１２年１月

若宮　健

# 著者略歴

若宮健《わかみやけん》

ジャーナリスト。一九四〇年秋田県生まれ。トヨタ自動車に十九年間勤務。営業マン十三年の実績から、トヨタ本社より新車千台販売の表彰を受ける。独立後、自動車販売会社、損保代理店の経営、タクシードライバーなどを経て、現在、執筆、講演活動をおこなう。

主な著書は『なぜ韓国は、パチンコを全廃できたのか』『カジノ解禁が日本を亡ぼす』(ともに祥伝社新書)、『打ったらハマるパチンコの罠』(社会批評社)など多数。

ホームページURLはhttp://www.wakamiyaken.jp

幻冬舎新書 252

パチンコに日本人は20年で540兆円使った

二〇一二年二月二十九日　第一刷発行

著者　若宮健
発行人　見城徹
編集人　志儀保博
発行所　株式会社　幻冬舎
〒一五一-〇〇五一　東京都渋谷区千駄ヶ谷四-九-七
電話　〇三-五四一一-六二一一(編集)
〇三-五四一一-六二二二(営業)
振替　〇〇一二〇-八-七六七六四三
ブックデザイン　鈴木成一デザイン室
印刷・製本所　株式会社　光邦


Printed in Japan　ISBN978-4-344-98253-6 C0295
わ-5-1

幻冬舎ホームページアドレス http://www.gentosha.co.jp/
*この本に関するご意見・ご感想をメールでお寄せいただく場合は、comment@gentosha.co.jp まで。

# 幻冬舎新書

宮本太郎+BSフジ・プライムニュース編
## 弱者99%社会
日本復興のための生活保障

生活保護者数205万人、完全失業者数334万人……これらは「格差限界社会」の序章に過ぎず、もはや一刻の猶予も許されない。社会保障改革へ、有識者達による緊急提言。

上杉隆　烏賀陽弘道
## 報道災害【原発編】
事実を伝えないメディアの大罪

安全デマを垂れ流し、多くの人々を被曝させた記者クラブ報道の罪は殺人に等しい。3・11以降、日本人が自らを守り、生き抜くためのメディアリテラシーとは何か。

坂口孝則
## 1円家電のカラクリ 0円iPhoneの正体
デフレ社会究極のサバイバル学

無料・格安と銘打つ赤字商売が盛んだ。「1円家電」を売る家電量販店は、家電メーカーから値下げ分の補助金をもらい、赤字を補塡する。倒錯する経済の時代の稼ぎ方・利益創出法を伝授。

門倉貴史
## 本当は嘘つきな統計数字

なぜ日本人のセックス回数は世界最下位なのか? 協力者の選び方次第で結果が正反対になる世論調査、初めに結論ありきで試算される経済統計等々、統計数字にひそむ嘘を即座に見抜けるようになる一冊。

副島隆彦
## お金で騙される人、騙されない人

銀行、証券、生保のウソの儲け話に騙されて、なけなしの預金を株や投資信託につぎ込み、大損した人が日本国中にいる。金融経済界のカリスマが、12の事例をもとに、世に仕組まれたお金のカラクリを暴く！

小林よしのり［編］
## 日本を貶めた10人の売国政治家

ワースト3位＝小泉純一郎。ならば2位、そして1位は!? 国民の財産と生命をアメリカに売り渡し、弱者を切り捨てた売国奴。こんな日本になったのは、みんなこいつらのせいだ！ 凶器の言葉を投げつけよ。

森功
## 血税空港
本日も遠く高く不便な空の便

頭打ちの国内線中心の羽田空港。米航空会社に占められ新規参入枠がない成田空港。全国津々浦々99の空港のほとんどが火の車で、毎年5000億円の税金が垂れ流し。そんな航空行政を緊急告発。

中村繁夫
## レアメタル超入門
現代の山師が挑む魑魅魍魎の世界

タンタルやニオブなど埋蔵量が少ない、または取り出すのが難しい57のレアメタルをめぐって争奪戦が拡大中だ。レアメタル消費大国にして輸入大国の日本よ、今こそ動け。第一人者が緊急提言。

# 幻冬舎新書

橘玲
## マネーロンダリング入門
国際金融詐欺からテロ資金まで

マネーロンダリングとは、裏金やテロ資金を複数の金融機関を使って隠匿する行為をいう。カシオ詐欺事件、五菱会事件、ライブドア事件などの具体例を挙げ、初心者にマネロンの現場が体験できるように案内。

久保博司
## 誤認逮捕
冤罪は、ここから始まる

一般市民が、なぜ「してもいない犯罪」の犯人にされてしまうのか。窃盗、薬物取締法違反から、ひき逃げ、放火、殺人まで誤認逮捕された実例を取り上げ、現代警察機関の問題点を指摘した一冊。

小林よしのり　有本 香
## はじめての支那論
中華思想の正体と日本の覚悟

国際社会が「チャイナ(シナ)」と呼ぶ中、なぜ日本は「支那」を差別語扱いし自主規制せねばならないのか――この「ウザい隣国」との本質的問題点をグローバリズムから論じた、新しい〝中国〟論。

森炎
## なぜ日本人は世界の中で死刑を是とするのか
変わりゆく死刑基準と国民感情

EUや米国の一部の州で死刑制度が廃止されるなか、日本では「一人殺して死刑」の時代到来か？　戦後の主だった死刑判決事件を振り返りながら、時代によって変わる死刑基準に検討を加える。